应急管理部研究中心、全国安全职业教育教学指导委员会2025年度
应急管理理论政策及产教融合科教融汇课题AHLLCX2025003

应急法律法规

主　审：张　翔
主　编：昌伟伟　苗金明
副主编：刘超捷　赵卫强　孙　珞　熊静宜　杜春宇

中国经济出版社　CHINA ECONOMIC PUBLISHING HOUSE
中国石化出版社　HTTP://WWW.SINOPEC-PRESS.COM
·北京·

图书在版编目（CIP）数据

应急法律法规 / 昌伟伟，苗金明主编. -- 北京：中国经济出版社：中国石化出版社，2025. 7. -- ISBN 978 -7 -5136 -8220 -6

Ⅰ. D922. 1

中国国家版本馆 CIP 数据核字第 20259D8Z51 号

选题策划 雷 生
责任编辑 罗 茜
责任印制 李 伟
封面设计 任燕飞

出版发行 中国经济出版社
印 刷 者 河北宝昌佳彩印刷有限公司
经 销 者 各地新华书店
开 本 787mm×1092mm 1/16
印 张 13. 5
字 数 233 千字
版 次 2025 年 7 月第 1 版
印 次 2025 年 7 月第 1 次
定 价 49. 00 元
广告经营许可证 京西工商广字第 8179 号

中国经济出版社 **网址** http://epc.sinopec.com/epc/ **社址** 北京市东城区安定门外大街 58 号 **邮编** 100011
本版图书如存在印装质量问题，请与本社销售中心联系调换（联系电话：010 -57512564）

PREFACE | 前言

随着社会对公共安全的要求日益严格，应急管理行业对专业人才的素质要求越来越高。调研结果显示，应急管理技能型人才的需求量日益增大，高职高专等高等职业院校肩负着培养应急人才的重任。

近年来，开设应急管理技术专业的高等院校日益增多，但适用于该专业的教材缺乏，尚未形成一套系统、成熟的系列专业教材。因此，编写和出版专业教材成为应急领域高职教育急需解决的问题之一。

应急管理法律法规是应急管理技术专业的专业基础课，是中国特色社会主义法律体系的重要组成部分，是应急管理工作良好、顺利、有序发展的前提和根本保障。其内容贯穿各项应急工作的始终，对于推进我国应急事业科学发展、维护公共安全、促进社会和谐，具有十分重要的意义。

在本书编写过程中，承蒙学界同人的大力支持，同时引用和参考了一些公开出版的文献资料及相关法律法规，在此一并致以诚挚谢意。

由于编者水平有限，本书中难免有不妥和疏漏之处，恳请同行专家和读者批评指正。

编　者

CONTENTS | 目录

第一章

应急法律法规基础

学习目标

知识目标	（1）了解应急管理的概念、目标与任务。 （2）掌握我国应急法律法规的框架与构成。 （3）熟悉应急法律法规的地位与作用。 （4）熟悉应急法律法规与其他法律法规的关系。
技能目标	（1）能够理解我国应急法律法规的框架与构成，并应用到本专业的学习之中。 （2）能够根据应急法律法规的地位与作用以及应急法律法规与其他法律法规的关系，制定自身专业学习与发展的规划。
职业道德和素养目标	培养学生法治思想，增强法治意识，树立学生的社会主义核心价值观。

知识图谱

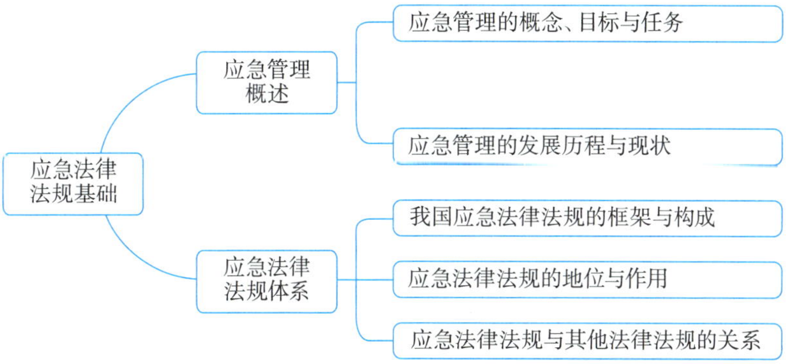

第一节 应急管理概述

一、应急管理的概念、目标与任务

（一）应急管理的概念

应急管理是一个综合性、系统性的管理过程，下面从不同角度阐释其概念。

1. 从法律角度

《中华人民共和国突发事件应对法》中虽未对应急管理直接给出完整定义，但从相关条文内容可以归纳出其对应急管理的阐释主要体现在以下方面。

（1）立法目的角度。该法第一条规定“为了预防和减少突发事件的发生，控制、减轻和消除突发事件引起的严重社会危害，提高突发事件预防和应对能力，规范突发事件应对活动，保护人民生命财产安全，维护国家安全、公共安全、生态环境安全和社会秩序，根据宪法，制定本法”。这表明应急管理是通过一系列活动，实现预防减少事件发生、控制危害、维护安全秩序等目标。

（2）预防与应急准备。该法规定国家建立健全突发事件应急预案体系，县级以上人民政府应当制定应急预案并组织演练等，体现了应急管理中预防为主、未雨绸缪的理念，通过完善预案、加强演练等措施，为应对突发事件做好充分准备。

（3）监测与预警。该法要求建立健全突发事件监测制度和预警制度，县级以上人民政府及其有关部门要通过多种途径收集突发事件信息并及时发布预警。这是应急管理中提前感知风险、及时发出警报的重要环节，以便采取应对措施。

（4）应急处置与救援。在突发事件发生后，有关人民政府应当立即采取措施控制事态发展，组织开展应急救援和处置工作，如组织营救和救治受害人员、迅速控制危险源等，这是应急管理的核心环节，强调在事件发生时的快速响应和有效处置。

（5）事后恢复与重建。该法规定突发事件应急处置工作结束后，要及时组织受影响地区尽快恢复生产、生活、工作和社会秩序，制定恢复重建计划等。这体现了应急管理是一个完整的过程，不仅要应对事件本身，还要关注事后的恢复和重建。

（6）责任主体角度。该法明确了各级人民政府是突发事件应对工作的行政领导机关，同时规定了政府有关部门、单位、社会组织和公民在突发事件应对中的权利和义务，体现了应急管理是政府主导、社会各方共同参与的系统性工程。

2. 从管理过程角度

从管理过程的角度来看，应急管理是一个动态、连续且涵盖多个环节的管理过程，旨在对突发事件进行全方位的应对与处理。以下是对应急管理各环节的具体解释。

（1）预防阶段。

①风险识别与评估。全面排查各类潜在风险，分析其发生的可能性和可能造成的影响，如对地震、洪水等自然灾害以及火灾、爆炸等事故风险进行评估。

②制定预防措施。基于风险评估结果，采取针对性的预防措施，如加强基础设施建设以提高抗震、防洪能力，规范企业生产操作流程以降低事故发生概率。

（2）准备阶段。

①预案制定。制定详细、可操作的应急预案，明确各部门和人员在应急响应中的职责、任务和行动流程，包括总体应急预案、专项应急预案等。

②资源储备。储备应急物资，如食品、药品、救援设备等，建立应急救援队伍，包括专业救援队伍和志愿者队伍，并进行培训和演练。

③建立应急机制。搭建应急指挥平台，建立信息共享、协调联动等机制，确保在突发事件发生时能够快速响应和有效应对。

（3）响应阶段。

①监测与预警。通过监测系统实时收集信息，分析判断突发事件的发展态势，当达到预警阈值时及时发布预警信息，提醒相关人员和公众做好准备。

②启动应急响应。一旦突发事件发生，立即启动应急预案，应急指挥机构迅速开展工作，组织协调各方力量投入救援。

③现场处置。救援队伍按照预案和指挥指令，开展抢险救援、人员疏散、医疗救护等现场处置工作，控制事态发展，减少损失。

④信息发布与沟通。及时、准确地向社会公众发布事件信息和救援进展，回应公众关切，同时保持与上级部门、相关单位和其他地区的信息沟通与协调。

（4）恢复阶段。

①损失评估。对突发事件造成的人员伤亡、财产损失、环境破坏等进行全面评估，为恢复工作提供依据。

②短期恢复。先确保受灾群众的基本生活需求得到满足，如提供临时住所、食品和饮用水等，同时尽快恢复交通、通信、水电等基础设施的基本功能，保障社会秩序。

③长期重建。制订并实施长期的重建计划，包括重建受损的建筑物和基础设施，恢复生产经营，开展生态修复，帮助受灾地区和群众恢复到正常的生活和发展状态。

④总结与改进。对整个应急管理过程进行复盘总结，分析经验教训，针对存在的问题提出改进措施，完善应急预案和管理机制，以提高未来应对突发事件的能力。

3. 从学科领域角度

从学科领域角度来看，应急管理是一门多学科交叉融合的综合性学科领域，涵盖了自然科学、社会科学和工程技术等多个方面，旨在研究和解决突发事件应对过程中的各种问题，提高社会的应急能力和抗风险水平。以下是从不同学科视角的解释。

（1）从管理学视角。

从管理学视角，将应急管理视为特殊的管理活动，运用计划、组织、领导、控制等管理职能，对突发事件应对中的人、财、物等资源进行有效配置和协调，以实现保障生命财产安全、减少损失等目标，注重应急管理的流程优化、资源整合与协调机制。

（2）从公共政策学视角。

从公共政策学视角，应急管理涉及政府等公共部门制定和执行一系列应对突发事件的公共政策，包括政策的制定、实施、评估和调整，以保障公众利益和社会稳定，关注政策的科学性、合理性和有效性，以及政策在不同层级政府和部门间的协同。

（3）从社会学视角。

从社会学视角，应急管理主要研究突发事件对社会结构、社会关系、社会秩序的影响，以及社会群体在应急过程中的行为反应、心理状态和互动模式，探讨如何通过社会动员、社区参与等方式增强社会的应急韧性，促进社会恢复和重建。

（4）从工程学视角。

从工程学视角，应急管理侧重于运用工程技术手段和方法，对突发事件进行预防、监测、控制和救援，如研发应急救援装备、建立灾害预警系统、设计应急避难场所等，致力于提高基础设施和系统的抗灾能力与应急响应效率。

（5）从心理学视角。

从心理学视角，应急管理关注突发事件中个体和群体的心理反应，如恐慌、焦虑、创伤等，研究如何进行心理干预和疏导，帮助人们恢复心理健康，提高心理承受能力和应对能力，保障应急救援工作的顺利开展和社会的稳定。

4. 从社会治理角度

从社会治理的角度来看，应急管理是社会治理体系的重要组成部分，是政府、社会组织、企业和公众等多元主体协同合作，运用多种手段和机制，应对各类突发事件，以维护社会秩序、保障公共安全、促进社会和谐发展的过程。以下是具体解释。

（1）多元主体协同。

①政府主导。政府在应急管理中发挥着核心主导作用，负责制定政策法规、统筹资源、协调各方行动，如在重大自然灾害或公共卫生事件中，政府统一指挥救援工作，调配医疗、物资等资源。

②社会组织参与。社会组织凭借其专业优势和灵活性，在应急救援、心理疏导、物资捐赠等方面发挥着重要作用，如各类慈善组织在灾害发生后积极筹集和发放救灾物资。

③企业责任。企业不仅要保障自身在突发事件中的安全运营，还要通过提供物资、技术支持等方式参与社会应急管理，如医药企业在疫情期间加大药品和医疗物资的生产供应力度。

④公众参与。公众是应急管理的重要参与者和直接受益者，通过提高自身应急意识和技能，参与应急演练、志愿服务等方式，配合政府和相关部门共同应对突发事件。

（2）多种手段运用。

①法律手段。通过制定和完善应急管理相关法律法规，明确各主体的权利和义务，规范应急管理行为和程序，为应急管理提供法律保障，如《中华人民共和国突发事件应对法》等。

②行政手段。政府运用行政权力和行政命令，进行资源调配、人员调度和应急决策等，在紧急情况下迅速采取强制性措施，控制事态发展。

③经济手段。利用财政、税收、保险等经济政策和工具，为应急管理提供资金支持，鼓励企业和社会力量参与应急管理，如设立应急专项资金、推行巨灾保险等。

④技术手段。借助现代科技手段，如大数据、人工智能、卫星遥感等，提高突发事件的监测预警能力、应急决策水平和救援效率，如利用大数据分析预测疫情传播趋势。

（3）治理目标导向。

①维护社会秩序。在突发事件发生时，防止出现社会混乱、恐慌等现象，确保交通、通信、水电等基本公共服务的正常运行，保障社会生活的基本秩序。

②保障公共安全。把保护人民生命安全和身体健康放在首位，最大限度地减少突发事件造成的人员伤亡和财产损失，降低对公共安全的威胁。

③促进社会和谐发展。通过有效的应急管理，在突发事件后尽快恢复生产生活秩序，修复社会关系，促进社会的稳定和可持续发展，增强社会的韧性和抗风险能力。

5. 国内外学者观点

国内外学者对应急管理的概念有多种表述，但核心内容较为一致，主要强调以下几个方面。

（1）国内学者观点。

①全过程管理。应急管理是政府及其他公共机构在突发事件的事前、事发、事中、事后全过程中，采取预防和应急准备、监测与预警、应急处置与救援、恢复与重建等一系列措施，以保障公众生命财产安全，促进社会安全发展的活动。

②多主体参与。应急管理是一个复杂的科学系统，涉及多部门、多区域、跨时空，主体参与范围广，需要政府、市场、社会、公众等多主体共同参与。

③风险管理延伸。应急管理不仅是对突发事件的应急处置，更是从风险治理到危机管理的全过程，向前延伸到社会风险治理，向后延伸到公共危机管理。

（2）国外学者观点。

①资源与职责管理。应急管理是对资源和职责的组织管理，以应对突发事件的所有方面，包括准备、响应和恢复，目的是减轻所有灾害的不利影响。

②多阶段管理。美国学者 Terry O' Sullivan 提出了应急管理的三阶段理论，包括预防、响应和恢复三个阶段。此外，也有学者将应急管理分为减灾、准备、响应和

恢复四个阶段。

③综合协调。应急管理强调将公安、消防、急救、交警、公共事业等部门以及车辆、物资、人员等相关资源纳入统一的指挥调度系统，以实现对突发事件的有效预警、控制和处理。

（3）共同点。

①核心目标。国内外学者普遍认为，应急管理的核心目标是降低突发事件的危害，保障公众的生命财产安全和社会稳定。

②全过程视角。应急管理不仅关注突发事件发生后的应急处置，还涵盖事前的预防、准备，以及事后的恢复与重建，是一个全过程管理的概念。

③资源整合与协调。无论是国内还是国外，都强调应急管理需要整合政府、社会等各方面的资源，通过有效组织和协调，形成应对突发事件的合力。

（二）应急管理的目标

应急管理的目标主要体现在以下几个方面。

1. 保障生命安全

最大限度地减少突发事件造成的人员伤亡，通过及时有效的救援和处置行动，在地震、火灾等灾害发生时，迅速营救被困人员，降低伤亡风险。

保护特殊人群，如老人、儿童、残疾人等弱势群体在突发事件中的生命安全，在应急避难场所提供针对特殊人群的服务设施和救助措施。

2. 保护财产安全

降低突发事件对个人、企业和国家财产造成的损失，在洪水灾害中，提前组织人员转移物资，采取防洪措施保护房屋和基础设施，减少财产损毁。

保障关键基础设施的安全运行，如交通、通信、能源等基础设施，在遭受灾害或事故冲击时，快速抢修和恢复，避免对经济社会造成更大的连锁反应。

3. 维护社会稳定

避免或减少突发事件引发的社会恐慌和混乱，通过及时准确的信息发布，回应社会关切，在公共卫生事件期间，及时通报疫情信息和防控措施，稳定公众情绪。

防止局部事件演变为社会动荡，在群体性事件或社会安全事件发生时，采取有效的调解和处置措施，化解矛盾，恢复社会秩序。

4. 保障经济发展

减少突发事件对经济发展的冲击，在重大工业事故发生后，迅速采取措施控制事故影响，尽快恢复生产，降低对产业链供应链的影响。

促进受灾地区经济的快速恢复和重建，通过提供财政支持、税收优惠等政策，帮助企业恢复生产经营，推动基础设施重建，带动经济复苏。

5. 保护生态环境

降低突发事件对生态环境的破坏程度，在化学品泄漏等环境事故中，迅速采取措施防止污染物扩散，减少对土壤、水体和空气的污染。

促进生态环境的修复和恢复，在森林火灾等灾害过后，及时开展生态修复工作，植树造林，恢复生态系统的平衡和功能。

（三）应急管理的任务

应急管理的任务贯穿突发事件的全过程，主要包括以下几个方面。

1. 预防与准备

（1）风险识别与评估。全面排查各类潜在风险，如自然灾害风险、事故灾难风险等，分析其发生的可能性和影响程度，为制定应对策略提供依据。

（2）预案制定与演练。针对不同类型和等级的突发事件，制定详细、可操作的应急预案，并定期组织演练，检验和完善预案的有效性，提高应急响应能力。

（3）应急资源储备。做好物资、资金、装备、技术等应急资源的储备和管理工作，确保在突发事件发生时能够及时调配和使用。

（4）应急能力建设。加强应急管理机构和队伍建设，提高人员的专业素质和技能水平，同时推动应急管理科技创新，提升整体应急能力。

2. 监测与预警

（1）监测系统建立。构建全方位、多层次的监测网络，利用先进技术手段对各类风险因素进行实时监测，如气象监测、地质监测、环境监测等。

（2）预警信息发布。当监测到可能引发突发事件的迹象或趋势时，及时、准确地向社会发布预警信息，包括事件类型、可能影响范围、危害程度、应对措施等，提醒公众做好防范准备。

3. 响应与处置

（1）应急响应启动。突发事件发生后，立即启动相应级别的应急响应，成立现场指挥机构，统一指挥和协调各方应急力量。

（2）救援与抢险。组织专业救援队伍和社会力量，开展人员搜救、医疗救护、工程抢险等工作，全力抢救生命，减少财产损失，控制事态发展。

（3）交通管制与治安维护。对事发区域实施交通管制，确保救援通道畅通，同时加强治安管理，维护现场秩序，防止出现混乱和次生灾害。

（4）信息发布与舆论引导。及时、准确、全面地向社会发布事件信息和应急处置进展情况，回应社会关切，正确引导舆论，避免造成不必要的恐慌和误解。

4. 恢复与重建

（1）损失评估。对突发事件造成的人员伤亡、财产损失、环境破坏等进行全面评估，为恢复与重建工作提供数据支持。

（2）生产生活恢复。组织开展基础设施修复、企业复产、居民生活恢复等工作，尽快恢复正常的生产生活秩序。

（3）心理干预与社会支持。关注受灾群众的心理健康，提供心理疏导和干预服务，同时动员社会力量，为受灾群众提供物资援助、生活帮助等，促进社会和谐稳定。

（4）经验总结与改进。对整个应急管理过程进行总结和反思，分析存在的问题和不足，提出改进措施和建议，为今后的应急管理工作提供经验借鉴。

二、应急管理的发展历程与现状

（一）应急管理的发展历程

1. 国外应急管理发展历程

国外应急管理发展历程大致可分为以下几个阶段。

（1）萌芽阶段（20 世纪初至 20 世纪 50 年代）。

20 世纪初至 20 世纪 50 年代，应急管理主要侧重于对自然灾害的应对，如美国在 1934 年成立了土壤保持局，以应对沙尘暴等环境灾害。当时的应急管理工作相对分散，缺乏统一的协调和规划，主要由地方政府和相关部门各自负责。

（2）形成阶段（20 世纪 60 年代至 20 世纪 80 年代）。

20 世纪 60 年代，美国等西方国家开始面临越来越多的自然灾害和技术灾害，如地震、飓风、核事故等。1979 年，美国成立了联邦紧急事务管理署（FEMA），标志着现代应急管理体系的初步形成，应急管理开始涵盖自然灾害、事故灾难等多个领域，并强调政府各部门之间的协调与合作。

（3）发展阶段（20 世纪 90 年代至 21 世纪初）。

20 世纪 90 年代至 21 世纪初，随着全球化和信息化的快速发展，突发事件的复杂性和跨国性日益凸显。国际社会开始加强应急管理的国际合作，如联合国国际减灾战略（UNISDR）的成立，推动了全球应急管理的发展。同时，各国也不断完善应急管理体系，加强应急管理的法制建设、预案制定和应急演练等工作。

（4）成熟阶段（21 世纪以来）。

2001 年美国“9·11”事件和 2003 年“非典”（SARS）疫情等重大突发事件，促使各国进一步强化应急管理。美国对其应急管理体系进行了重大调整，成立了国土安全部，将应急管理提升到国家安全战略高度。各国在应急管理中更加注重风险管理、全过程管理和社会参与，强调多主体协同应对，应急管理理念和技术不断创新，信息化、智能化水平不断提高。

2. 国内应急管理发展历程

我国的应急管理体系经历了从传统分散管理到现代综合化、专业化、法治化的发展过程，其演变过程与国家治理能力现代化紧密相连。以下是主要发展阶段和特点。

新中国成立初期，是初步探索阶段（1949—2003 年）应急管理以应对自然灾害（如洪水、地震）和生产事故为主，主要由各行业部门（如水利、民政、公安等）分头负责，缺乏统一协调机制。

其特点有两个。一是以单项应急为主。针对特定灾害制定应急预案（如 1998 年施行的《中华人民共和国防震减灾法》）。

二是依赖行政动员。灾害响应以政府行政命令和群众动员为核心，缺乏系统化的法律和技术支撑。

1976 年唐山大地震，暴露了当时应急救援能力的不足。

1998 年长江特大洪水，推动了防洪工程建设和灾害管理意识提升。

这一时期，面对的风险以简单风险为主，主要基于部门职能、按照单一灾种的模式应对。比如，气象部门应对气象灾害、水利部门负责水旱灾害等，各部门相对独立开展工作，缺乏统一协调机制。

新中国成立至2003年我国应急管理发展历程大致可分为以下几个阶段。

（1）起步阶段（新中国成立至20世纪70年代末）。

新中国成立初期，面临着各种自然灾害和社会问题，政府主要以救灾救济为重点，成立了中央救灾委员会等机构，负责组织开展自然灾害救助等工作，如1954年长江流域发生特大洪水，政府积极组织力量进行抗洪救灾和灾后重建。

这一时期逐步建立了一些与应急相关的工作制度和机制，如灾害报告制度等，为后续应急管理工作奠定了一定基础。

（2）发展阶段（20世纪70年代末至2003年）。

20世纪70年代末到80年代，随着改革开放的推进，经济社会快速发展，应急管理工作开始受到更多重视。在自然灾害应对方面，加强了气象、地震等监测预报能力建设，如1978年以后，我国气象部门不断引进先进技术和设备，提高气象预报的准确性和及时性。

20世纪90年代，我国进入经济快速发展和社会转型期，各类突发事件增多。政府开始加强对安全生产等领域的管理，1991年国务院发布了《企业职工伤亡事故报告和处理规定》等法规，规范了安全生产事故的报告和处理程序；同时，在防洪、抗旱、抗震等方面也不断完善应急预案和工作机制，1998年我国遭遇特大洪水，政府在总结经验教训的基础上，进一步加强了防洪工程建设和防汛应急管理。

（3）系统建设阶段（2003—2018年）。

2003年SARS疫情暴露出公共卫生应急体系的短板，促使中国加快应急管理体系的系统性改革。此后，我国针对突发公共事件开展了以“一案三制”（应急预案，应急管理体制、机制和法制）为核心的现代应急管理体系建设。国家陆续出台了《中华人民共和国突发事件应对法》《国家突发公共事件总体应急预案》等法律法规和政策文件，各地各部门也纷纷制定相应的应急预案，应急管理工作逐步走向规范化、制度化。2008年汶川地震，推动建立了更高效的救灾协调机制和灾后重建体系。2015年天津港爆炸事故，凸显安全生产监管和应急响应的漏洞，促进相关法规修订。

2003年到2018年是我国应急管理从起步到快速发展的重要阶段，以下是这期间的发展历程。

2003年，“非典”疫情暴露出我国在公共卫生应急等方面的短板，促使政府开始高度重视应急管理体系建设，将应急管理提上重要议事日程。

2004 年，国务院办公厅印发《省（区、市）人民政府突发公共事件总体应急预案框架指南》等文件，推动各地制定应急预案，应急预案体系建设开始起步。

2006 年，国务院发布《国家突发公共事件总体应急预案》，标志着我国应急预案框架体系初步形成。同时，相继出台了自然灾害、事故灾难、公共卫生事件、社会安全事件等各类专项应急预案，应急管理工作逐步走向规范化、制度化。

第一届中国应急管理论坛召开，应急管理领域的学术交流和理论研究开始活跃。

2006 年，国务院发布《国务院关于全面加强应急管理工作的意见》，明确了应急管理工作的指导思想、工作目标和主要任务等，全面推进应急管理工作。

成立国务院应急管理办公室，加强对全国应急管理工作的综合协调和指导，各地也纷纷建立相应的应急管理机构。

2007 年，全国人大常委会通过《中华人民共和国突发事件应对法》，为突发事件的预防与应急准备、监测与预警、应急处置与救援、事后恢复与重建等提供了法律依据，使应急管理工作有法可依。

2008 年，南方低温雨雪冰冻灾害和汶川特大地震等重大自然灾害，对我国应急管理体系和能力构成了严峻考验，也推动了应急管理工作在实践中不断完善和提升，促使政府进一步加大对应急管理的投入，加强应急救援队伍建设、物资储备等工作。

2008—2010 年，抗击汶川大地震加快了领导干部应急管理教育培训的步伐，原中央党校成立了由时任校领导牵头、相关部门组成的应急管理项目组负责有关应急管理的教学科研工作。2010 年 4 月 26 日，原国家行政学院增设应急管理培训部，从体制上保障了学科建设的快速顺利推进。

2009—2011 年，原中央党校在 4 期地厅级干部进修班分别开设了“社会稳定”“突发事件与危机管理”等研究专题。原国家行政学院先后举办了省部级领导干部突发事件应急管理、厅局级公务员应急管理等专题研讨班以及应急管理骨干师资培训班等，相继开展中德、中英、中欧、中美等应急管理国际合作项目。

2011—2013 年，2011 年原国家行政学院与公安部、民政部等部门共同出版国内第一本《中国应急管理报告》，2013 年出版“中德灾害风险管理项目研究成果丛书”著作 7 部，发表了系列学术论文，产生了较大影响力。

2010—2018 年，广泛开展应急管理学术交流合作，应急管理学历学位教育也得到探索发展，原国家行政学院依托公共管理一级学科，开始了应急管理专业硕士研究生（MPA）和博士生学历学位教育。应急管理教学基础设施大力推进，原中央党校建成了决策支持可视化系统，以及应急指挥模拟实验室、新闻媒体应对模拟实验室；原国家行政学院建成应急管理模拟演练大厅、新闻发布厅等。

（4）整合优化阶段（2018 年至今）。

2018 年，国务院机构改革，组建应急管理部，整合 11 个部门的 13 项职责（包括原国家安监总局、国务院办公厅应急管理职能，以及消防、救灾、地质灾害防治等），标志着中国应急管理进入“大应急”时代。通过整合优化应急力量和资源，推动形成统一指挥、专常兼备、反应灵敏、上下联动、平战结合的中国特色应急管理体制。旨在构建中国特色大国现代应急管理体系，防范化解重特大安全风险，应急管理进入了新的发展阶段，更加注重综合减灾和灾害风险管理，强调常态减灾与非常态救灾相统一。

我国应急管理体系的演进体现了“从被动应对到主动防控”“从经验决策到科学治理”的转型，成为国家治理现代化的重要组成部分，未来仍需在风险预见性、社会参与度、国际协作等方面进一步突破。

（二）应急管理的发展现状

应急管理是一个不断发展和完善的领域。

早期阶段，应急管理主要侧重于应对自然灾害和事故等突发事件，采取的措施相对较为简单和分散。

随着社会的发展和突发事件的日益复杂多样，应急管理逐渐走向系统化和专业化。在 20 世纪中后期，一些发达国家开始建立专门的应急管理机构，制定相关法律法规，形成了较为完整的应急管理体系。

进入 21 世纪，应急管理面临着新的挑战，如恐怖袭击、网络安全事件、公共卫生事件等。这促使应急管理在理念、方法和技术上不断创新和改进。

1. 国外应急管理发展现状

（1）法律法规完善。

各国制定了系统的应急管理法律法规，如美国有《国土安全法》《国家灾害管理法》《灾害减缓法案》等，英国有《公共卫生法》《流行病法》，法国有《公共安全法》《国土安全法》，日本有《灾害对策基本法》等。这些法律法规明确了应急管理的原则、机制和责任，为应急管理工作提供了坚实的法律保障。

（2）管理机构健全。

许多国家设立了专门的应急管理机构，如美国的联邦紧急事务管理署（FEMA）、澳大利亚的联邦应急管理局等。这些机构负责协调和指导全国范围内的应急管理工作，确保各部门、各地区在应对突发事件时能够迅速、有效地协作。

（3）资源整合高效。

利用大数据、云计算等技术手段，建立起了应急资源整合与共享机制，各部门、各地区能够实时共享应急资源信息，提高资源的利用效率，确保在突发事件发生时能够及时调配和补充所需资源。

（4）队伍建设专业。

建立了专业的应急队伍，包括救援队伍、医疗队伍、物资保障队伍等。同时，通过开展定期应急演练和培训活动，提高应急队伍的快速反应能力和处置能力。

（5）社会参与广泛。

许多国家通过开展应急知识宣传教育活动、建立志愿者队伍等方式，提高公众的应急意识和自救互救能力。一些国家还鼓励企业和社会组织参与应急管理，形成政府、企业和社会组织共同参与的格局。

（6）技术应用先进。

积极应用大数据、物联网、卫星遥感、无人机等先进科技手段，实现了应急管理的智能化、精准化，提高了应急管理的效率，也提升了突发事件应对的精准度和有效性。

2. 国内应急管理发展现状

2018 年以后，中国应急管理领域在体制建设、能力提升、技术应用等方面取得了显著进展。

（1）体制机制不断完善。

①应急管理部成立。2018 年 4 月 16 日，应急管理部正式挂牌，整合了原国家安全生产监督管理总局等 13 个部门的应急管理类职责，形成了统一指挥、专常兼备、反应灵敏、上下联动的中国特色应急管理体制。

②协同机制优化。建立了风险联合会商研判机制，防范救援救灾一体化、扁平化应急指挥等工作机制，强化了应急管理部门的综合优势和相关部门的专业优势，提升了应急管理效能。

（2）应急管理能力显著提升。

①应急救援力量建设。国家综合性消防救援队伍加快转型升级，新组建了水域、山岳、地震等专业队伍 3500 余支，研发配备了一批先进技术装备，提升了现代化综合救援能力。

②应急指挥体系完善。基本建成国家应急指挥总部，全面建成部省市县四级贯通的应急指挥信息网和自上而下的应急指挥平台体系，实现重大灾情险情的现场视频指挥调度。

③风险防范成效显著。2018 年以来，全国年均因灾死亡失踪人数、倒塌房屋数量、直接经济损失等指标较前 5 年均值分别下降 54.3%、76.4%、23.0%。

（3）法规标准体系逐步健全。

①法律法规汇编与完善。2018 年应急管理部成立后，对相关法律法规进行了梳理和汇编，形成了较为完备的应急管理法律法规体系，包括《中华人民共和国突发事件应对法》《中华人民共和国安全生产法》等。

②“十四五”规划引领。2021 年 12 月 30 日，国务院印发《“十四五”国家应急体系规划》，明确了到 2025 年和 2035 年的主要目标，包括提升应急管理法治水平、科技信息化水平和综合保障能力。

（4）科技信息化水平大幅提升。

①智慧应急建设。2018—2020 年，智慧应急建设实现了从“0”到“1”的跨越，大数据、云计算、人工智能等技术与应急管理业务深度融合，初步形成了较为完备的应急管理信息化体系。

②感知网络与大数据支撑。形成全面覆盖的感知网络、韧性可靠的应急通信、先进强大的大数据支撑体系，初步建成“智慧应急大脑”，促进应急管理体系和能力现代化。

（5）社会共治格局逐步形成。

①公众参与和安全意识提升。通过普及安全知识、培育安全文化，全社会的安全意识和自救互救能力显著提高，社会公众在应急管理中的参与度不断提升。

②社会应急力量发展。规范有序、充满活力的社会应急力量发展环境进一步优化，社会应急力量在灾害应对中发挥了重要作用。

（6）未来发展方向。

①持续推进改革。未来将继续深化应急管理体制机制改革，构建适应中国式现

代化要求的应急管理体系，推动应急管理体系和能力现代化。

②强化科技创新。进一步推动应急管理信息化建设，提升应急管理的智能化水平，实现从传统治理向现代“智”理的转变。

总体来看，2018 年以后，中国应急管理领域在体制建设、能力提升、法规完善、科技应用等方面取得了显著成效，为应对各类突发事件提供了有力保障。

第二节 应急法律法规体系

一、我国应急法律法规的框架与构成

随着全球经济一体化的加速和社会的快速发展，各类突发事件呈现出多样化、高频化、复杂化的特点，其影响范围和危害程度不断扩大，对社会秩序、人民生命财产安全以及国家稳定发展构成了严重威胁。在应对突发事件的过程中，应急法律法规的重要性不言而喻。它不仅为应急管理工作提供了明确的法律依据和行为准则，确保应急管理活动在法治轨道上有序开展，而且对于保障公民的基本权利、维护社会公平正义、促进社会和谐稳定具有至关重要的意义。我国经过多年的探索和实践，已初步构建起具有中国特色的应急法律法规体系，在应对各类突发事件中发挥了重要作用。

（一）我国应急法律法规框架的层级结构

1. 宪法——应急管理的根本遵循

宪法作为国家的根本大法，在我国法律体系中占据着至高无上的地位，是应急法律法规体系构建的基石与根本依据。宪法通过对国家机构的设置、职权划分以及公民基本权利和义务的明确规定，为应急管理工作提供了总体性的指导框架。宪法强调国家保障人民的生命财产安全，这一原则贯穿应急管理的全过程，要求政府在应对突发事件时，将人民的利益置于首位，采取切实有效的措施维护社会稳定和公共安全。同时，宪法所规定的公民在法律面前一律平等、公民的人身自由和合法的私有财产不受侵犯等原则，在应急状态下同样具有约束力，政府在实施应急管理措施时，必须充分尊重和保障公民的基本权利，避免权力的滥用。此外，宪法对国家机构的职权划分，明确了不同国家机关在应急管理中的职责分工，确保应急管理工

作能够在有序的体制机制下高效开展。

2. 法律——应急管理的核心规范

法律是由全国人民代表大会及其常务委员会制定的规范性文件，在应急法律法规体系中发挥着核心支柱作用，是应急管理工作的主要法律依据。我国应急管理领域的法律主要涵盖综合性应急法律和专门领域应急法律。

综合性应急法律以《中华人民共和国突发事件应对法》为代表，这部法律全面系统地规范了突发事件的预防与应急准备、监测与预警、应急处置与救援、事后恢复与重建等各个环节，确立了我国应急管理的基本原则、制度和体制机制。它明确了突发事件的定义和分类，清晰界定了政府、社会组织和公民在应急管理中的权利和义务，为其他应急法律法规的制定和实施提供了基本准则。

专门领域应急法律则针对不同类型的突发事件，从各自专业领域的特点和需求出发，制定了一系列具体的法律规范。在自然灾害领域，《中华人民共和国防洪法》《中华人民共和国防震减灾法》《中华人民共和国森林法》等法律，分别对洪水、地震、森林火灾等自然灾害的预防、应对、救援和恢复等环节作出了详细规定；在事故灾难领域，《中华人民共和国安全生产法》《中华人民共和国矿山安全法》《中华人民共和国消防法》等法律，对生产安全事故、矿山事故、火灾事故等的预防和处置进行了规范；在公共卫生事件领域，《中华人民共和国传染病防治法》《中华人民共和国食品安全法》等法律，为应对传染病疫情、食品安全事件等提供了法律依据；在社会安全事件领域，《中华人民共和国反恐怖主义法》《中华人民共和国治安管理处罚法》等法律，对维护社会稳定、防范和打击恐怖主义等社会安全事件作出了规定。这些专门领域应急法律与《中华人民共和国突发事件应对法》相互配合、相互补充，共同构成了我国应急管理法律体系的核心框架。

3. 行政法规——应急管理的具体细化

行政法规是国务院根据宪法和法律制定的规范性文件，在应急法律法规体系中起着承上启下的关键作用。行政法规将法律中的原则性规定进一步细化为具体的操作规范，使应急管理工作更具可操作性。在自然灾害方面，国务院制定了《地质灾害防治条例》《森林防火条例》《草原防火条例》等行政法规，对地质灾害、森林火灾、草原火灾的防治和应急处置等方面进行了详细规范；在事故灾难方面，《生产安全事故报告和调查处理条例》《危险化学品安全管理条例》《烟花爆竹安全管理条例》等行政法规，明确了生产安全事故、危险化学品事故、烟花爆竹事故的报告、救援、调查处理等方面的要求；在公共卫生事件方面，《突发公共卫生事件应急条例》对突发公共卫生事件的应急处理工作进行了全面规范，包括事件的报告、应急处理措施、法律责任等；在社会安全事件方面，《信访条例》《大型群众性活动安全管理条例》等行政法规在一定程度上涉及社会安全事件的预防和处置等内容。这些行政法规进一步细化了法律的规定，为应急管理工作提供了更具体的法律依据和操作指南。

4. 部门规章——应急管理的操作指南

部门规章是国务院各部门根据法律和行政法规，在本部门的权限范围内制定的规范性文件。在应急管理领域，各部门制定了大量的部门规章，对具体应急管理工作的流程、标准、方法等进行了细化和规范。应急管理部制定了《生产安全事故应急预案管理办法》《突发事件应急预案管理办法》《安全生产事故隐患排查治理暂行规定》等部门规章，对应急预案的编制、评审、备案、实施以及事故隐患的排查治理等工作进行了详细规定；国家卫生健康委制定了《突发公共卫生事件与传染病疫情监测信息报告管理办法》《医疗卫生机构医疗废物管理办法》等部门规章，对突发公共卫生事件与传染病疫情监测信息报告、医疗废物管理等工作作出了具体要求；交通运输部制定了《公路交通突发事件应急预案》《水路交通突发事件应急预案》等部门规章，规范了公路、水路交通突发事件的应急处置工作。这些部门规章在应急管理工作的具体实施中发挥着重要的指导作用，确保了应急管理工作的规范化、标准化和科学化。

5. 地方性法规和地方政府规章——应急管理的地方特色

地方性法规和地方政府规章是由地方各级人民代表大会及其常务委员会和地方各级人民政府根据本地实际情况制定的规范性文件。由于我国地域辽阔，各地自然环境、社会经济状况和突发事件特点存在差异，地方性法规和地方政府规章在应急管理工作中具有重要的补充作用，它们能够结合当地的实际情况，对国家应急法律法规进行细化和落实，制定更符合本地实际需求的应急管理措施和规范。例如，一些地震多发地区制定了专门的防震减灾地方性法规，对地震监测预报、地震灾害预防、地震应急救援等工作作出了详细规定；一些洪涝灾害频发地区制定了防汛抗旱地方性法规，加强了对洪涝灾害的防治和应急管理工作。同时，地方性法规和地方政府规章还可以根据当地的特殊情况，制定一些具有地方特色的应急管理措施，如针对当地的特色产业、文化活动等制定相应的应急管理规范。这些地方性法规和地方政府规章的制定与实施，使应急管理工作更加贴近实际，更具针对性和可操作性。

6. 国际条约与协定——应急管理的国际合作延伸

随着全球化的发展，突发事件的影响往往超越国界，国际合作在应急管理中变得越来越重要。我国积极参与国际应急管理合作，签署了一系列涉及应急管理的国际条约与协定，如《国际卫生条例（2005）》《核事故或辐射紧急情况援助公约》等。这些国际条约与协定是我国应急法律法规体系的重要组成部分，对我国在国际应急管理合作中的权利和义务作出了规定。在国内应急管理工作中，我国需要遵守这些国际条约与协定的规定，加强与其他国家在应急管理领域的交流与合作，共同应对全球性的突发事件。同时，国际条约与协定也为我国应急管理工作提供了新的思路和方法，促进了我国应急管理水平的提高。

（二）我国应急法律法规的构成内容

1. 突发事件的预防与应急准备

突发事件的预防与应急准备是应急管理工作的基础环节，我国应急法律法规在这方面作出了一系列规定。在预防方面，要求各级政府和有关部门加强对突发事件的风险评估和监测预警，建立健全突发事件风险管理制度，定期开展风险排查和隐患治理工作，及时发现和消除潜在的安全隐患；同时，加强对公众的应急知识宣传教育，提高公众的风险意识和自救互救能力。在应急准备方面，规定了应急救援队伍的建设和管理，要求建立专业化、社会化的应急救援队伍，加强应急救援队伍的培训和演练，提高应急救援能力。此外，还对应急物资储备、应急预案编制等方面作出了详细规定，要求各级政府和有关部门建立健全应急物资储备体系，确保应急物资的充足供应；制定完善的应急预案，明确应急处置的程序和措施，提高应急响应的速度和效率。

2. 突发事件的监测与预警

突发事件的监测与预警是及时发现和应对突发事件的关键环节。我国应急法律法规规定了突发事件监测网络的建设和管理，要求各级政府和有关部门建立健全突发事件监测体系，整合监测资源，实现信息共享，提高监测的准确性和时效性；同时，明确了突发事件预警的发布主体、程序和级别，要求根据突发事件的发展态势和可能造成的危害程度，及时发布相应级别的预警信息，并采取相应的预警措施，提醒公众做好防范准备；此外，还规定了对预警信息的评估和调整机制，确保预警信息的科学性和有效性。

3. 突发事件的应急处置与救援

突发事件的应急处置与救援是应急管理工作的核心环节。我国应急法律法规对突发事件发生后的应急处置与救援工作作出了全面、系统的规定。在应急处置方面，明确了应急指挥机构的设立和职责，要求建立统一指挥、分工协作、反应灵敏、运转高效的应急指挥体系，确保应急处置工作的有序进行；同时，规定了应急处置的程序和措施，要求根据突发事件的类型和特点，采取相应的应急处置措施，如组织抢险救援、疏散转移群众、实施交通管制、维护社会秩序等。在应急救援方面，规定了应急救援队伍的调用和指挥，要求各应急救援队伍按照应急指挥机构的指令，迅速开展救援行动，全力抢救受灾人员，减少人员伤亡和财产损失。此外，还对应急救援物资的调配和使用、受灾群众的生活保障等方面作出了规定，确保应急救援工作的顺利进行。

4. 突发事件的事后恢复与重建

突发事件的事后恢复与重建是应急管理工作的重要环节，对于恢复受灾地区的正常生产生活秩序、促进社会稳定和经济发展具有重要意义。我国应急法律法规对突发事件的事后恢复与重建工作作出了详细规定。在恢复重建规划方面，要求各级政府和有关部门组织制定恢复重建规划，明确恢复重建的目标、任务和措施，确保恢复重建工作的科学性和有序性。在恢复重建资金和物资保障方面，规定了政府的财政支持、社会捐赠、保险理赔等多种资金和物资筹集渠道，确保恢复重建工作的资金和物资需求得到满足。在受灾群众安置方面，要求妥善安置受灾群众，保障受灾群众的基本生活需求，帮助受灾群众尽快恢复生产生活。此外，还对受损基础设施的修复、生态环境的恢复、心理援助等方面作出了规定，促进受灾地区的全面恢复和发展。

5. 应急管理中的法律责任

法律责任是保障应急法律法规有效实施的重要手段。我国应急法律法规明确了政府、社会组织和公民在应急管理中的法律责任，对违反应急法律法规的行为规定了相应的处罚措施。对于政府及其工作人员在应急管理工作中的失职、渎职行为，依法追究其行政责任和刑事责任；对于社会组织和公民在应急管理中的违法行为，如故意扰乱社会秩序、哄抢应急物资、编造传播虚假信息等，依法给予行政处罚；构成犯罪的，依法追究刑事责任。通过明确法律责任，增强了应急法律法规的权威性和约束力，确保应急管理工作在法治轨道上有序开展。

（三）我国应急法律法规框架与构成的内在联系与协同机制

1. 内在联系

我国应急法律法规框架的各个层级之间存在着紧密的内在联系，共同构成了一个有机的整体。宪法作为根本大法，为其他应急法律法规的制定提供了根本性的原则和依据，其他应急法律法规必须符合宪法的规定和精神。法律是应急法律法规体系的核心支柱，综合性应急法律为整个应急管理工作提供了基本准则，专门领域应急法律则针对不同类型的突发事件进行了具体规范，两者相互补充、相互配合。行政法规是对法律的细化和补充，将法律中的原则性规定转化为具体的操作规范，使应急管理工作更具可操作性。部门规章是对行政法规的进一步细化，对具体应急管理工作的流程、标准、方法等作出详细规定，确保应急管理工作的规范化、标准化和科学化。地方性法规和地方政府规章是根据本地实际情况对国家应急法律法规的细化和落实，具有更强的针对性和可操作性。国际条约与协定则是我国应急法律法规体系与国际接轨的重要体现，为我国参与国际应急管理合作提供了法律依据。

2. 协同机制

为了确保应急法律法规体系的有效运行，我国建立了一系列协同机制。在立法协同方面，加强了不同层级、不同领域应急法律法规之间的协调和衔接，避免出现法律冲突和漏洞。在制定新的应急法律法规时，充分考虑与现有法律法规的一致性和协调性，确保整个应急法律法规体系的系统性和完整性。在执法协同方面，建立了跨部门、跨地区的应急执法联动机制，加强了各部门之间的信息共享和协作配合，提高了应急执法的效率和效果。在应急处置过程中，各部门按照职责分工，密切配合，共同应对突发事件。在监督协同方面，建立了多元化的监督机制，加强了对政府、社会组织和公民在应急管理工作中的监督，确保应急法律法规的有效实施；同时，加强了对监督主体的监督，防止监督权力被滥用。

二、应急法律法规的地位与作用

（一）应急法律法规的地位

应急法律法规在法律体系、社会运行等多方面具有重要地位，具体如下。

1. 应急法律法规在法律体系中的地位

（1）不可或缺的构成部分。应急法律法规是中国特色社会主义法律体系的重要组成部分，与其他部门法共同构成有机整体，为国家治理和社会运行提供全面法律保障。

（2）具有衔接与协调作用。应急法律法规与宪法、民法、刑法、行政法等相互衔接协调，以宪法为依据，同时在调整应急状态下的社会关系时，与其他部门法相互补充、协同配合。

2. 应急法律法规在应急管理中的地位

（1）提供法律依据。应急法律法规为应急管理的各个环节，包括预防与准备、监测与预警、应急处置与救援、事后恢复与重建等，提供明确的法律依据和规范。

（2）规范权力运行。应急法律法规明确政府及相关部门在应急管理中的权力和职责，规范应急管理权力的行使，确保权力不被滥用，同时促使政府依法履行应急管理职责。

（3）保障公众权益。应急法律法规规定了公民、法人和其他组织在应急状态下的权利和义务，既保障公众在突发事件中的基本权利，又要求公众依法配合应急管理工作。

3. 应急法律法规在社会治理中的地位

（1）维护社会秩序。在突发事件发生时，应急法律法规能够通过规范各类行为，制裁违法犯罪活动，有效维护社会秩序，避免出现社会混乱，为社会恢复正常状态创造条件。

（2）促进社会协同。应急法律法规通过鼓励和引导社会力量参与应急管理，明确社会主体在应急中的权利和义务，促进政府、企业、社会组织和公众之间的协同合作，形成全社会共同应对突发事件的合力。

4. 应急法律法规在国家安全中的地位

（1）保障国家稳定。突发事件可能对国家安全构成威胁，应急法律法规通过确保国家能够迅速、有效地应对各类突发事件，保障国家的政治、经济、社会等方面的稳定，维护国家安全和主权。

（2）增强抵御能力。完善的应急法律法规有助于提升国家整体的应急能力和抗风险能力，在面对各种内外部安全挑战时，能够更好地保护国家利益和人民福祉，增强国家的安全韧性。

（二）应急法律法规的作用

应急法律法规在社会生活的诸多方面发挥着至关重要的作用，主要体现在以下几个方面。

1. 在预防与准备方面的作用

（1）明确预防职责。明确政府、企业和社会各方在突发事件预防中的职责，要求制定应急预案、开展应急演练、进行风险评估等，从源头上减少突发事件发生的可能性。

（2）规范资源储备。规定应急物资的储备、管理和调配机制，确保在突发事件发生时有足够的物资保障，如规定政府要建立应急物资储备库、企业按要求储备一定量的应急物资等。

2. 在监测与预警方面的作用

（1）建立监测体系。要求建立健全突发事件监测网络和信息收集系统，整合各部门、各行业的监测资源，实现对突发事件的实时监测和动态跟踪。

（2）规范预警发布。明确预警发布的主体、程序、级别和内容等，确保预警信息及时、准确地传达给公众，为公众采取防范措施提供依据。

3. 在应急处置与救援方面的作用

（1）规范处置程序。规定突发事件发生后政府及相关部门的应急处置程序和措施，如规定在自然灾害、事故灾难发生后，政府要及时组织抢险救援、转移安置群众等。

（2）协调各方力量。明确各部门、各单位在应急救援中的职责和分工，建立统一的应急指挥协调机制，使救援工作有序、高效进行。

4. 在事后恢复与重建方面的作用

（1）保障恢复秩序。规定受灾地区恢复生产、生活、工作和社会秩序的各项措施，如提供救助和补偿、组织基础设施修复等，帮助受灾地区尽快恢复正常状态。

（2）推动总结评估。要求对突发事件的应对过程进行总结评估，分析原因、总结经验教训，为改进应急管理工作、完善应急预案提供依据。

5. 其他作用

（1）规范权力行使。明确政府在应急状态下的权力范围和行使程序，防止权力滥用，也要求政府必须依法履行应急管理职责，保障应急管理工作的合法性和有效性。

（2）强化公众意识。规定公民在应急管理中的权利和义务，增强公众的应急意识和责任感，提高公众应对突发事件的能力，如规定公民有配合政府应急处置措施的义务，同时享有获得救助和信息的权利等。

三、应急法律法规与其他法律法规的关系

应急法律法规与其他法律法规相互联系、相互补充，共同构成了完整的法律体系，具体关系如下。

（一）应急法律法规与宪法的关系

宪法是国家的根本大法，具有最高法律效力，是应急法律法规的立法依据和基础。应急法律法规的制定必须符合宪法的原则和精神，不得与宪法相抵触，也是对宪法中关于国家应对紧急情况等相关原则规定的细化和落实。

应急法律法规与宪法的关系体现在以下几个重要方面。

1. 宪法是应急法律法规的根基

（1）效力最高。宪法具有最高法律效力，处于法律体系的核心地位，应急法律法规的效力低于宪法，不得与宪法相违背，否则无效。

（2）内容指引。宪法规定国家根本制度、国家机构设置及公民基本权利义务等，为应急法律法规确定应急管理的基本框架、原则和方向，如宪法中关于政府职责、公民权利的规定，是应急法律法规中明确政府应急职责、保障公民应急权利的依据。

（3）价值导向。宪法的民主、法治、人权等价值追求，是应急法律法规制定和实施的价值遵循，确保应急管理在法治轨道上保障公民权益、维护公共利益。

2. 应急法律法规是宪法的具体呈现

（1）细化落实。宪法对应急管理的规定较笼统，应急法律法规将其细化为具体可操作的条款，如《中华人民共和国突发事件应对法》等对应急管理的预防与应急准备、监测与预警、应急处置与救援、事后恢复与重建等环节作出详细规定，使宪法原则落地。

（2）补充拓展。结合不同类型突发事件特点和应急管理实际需求，应急法律法规在宪法基础上，进一步明确各主体在应急中的权利义务关系，如规定特定情况下政府的紧急征用权及对公民权利的合理限制与补偿等，是对宪法内容的补充和拓展。

3. 二者相互作用推动法治进程

（1）宪法保障应急管理。宪法为应急管理提供坚实的法治基础和根本保障，使应急管理有明确的权力边界和权利保障范围，确保应急工作依法有序。

（2）应急管理促进宪法完善。应急管理实践和应急法律法规的发展，能为宪法的发展和完善提供实践经验，当出现新问题和挑战时，可能推动宪法解释或修改，使宪法更好地适应社会发展。

（二）应急法律法规与行政法的关系

应急法律法规与行政法是法律体系中紧密相关的两个部分，它们的关系主要体现在以下几个方面。

1. 应急法律法规是行政法的特殊组成部分

（1）调整对象交叉。行政法调整行政主体与行政相对人之间的行政关系等，应急法律法规在应对突发事件时，调整的是政府等行政主体与公民、法人及其他组织等行政相对人之间在应急管理过程中的关系，是行政法调整对象在应急状态下的特殊体现。

（2）具有行政法属性。应急法律法规具有行政法的一般属性，如规定行政主体的权力和职责、行政相对人的权利和义务，强调行政行为的合法性、合理性等原则。

2. 行政法为应急法律法规提供基础和原则

（1）基本原则指导。行政法的合法行政、合理行政、程序正当、高效便民、诚实守信、权责统一等基本原则，同样适用于应急法律法规，为应急管理中的行政行为提供基本准则。

（2）制度框架借鉴。行政法中的行政许可、行政处罚、行政强制、行政复议、行政诉讼等制度框架，为应急法律法规中相关制度的构建提供了基础和借鉴，如应急状态下的行政强制行为须遵循行政法中行政强制的一般规定和原则。

3. 应急法律法规对行政法的丰富和发展

（1）特殊规则和制度。应急法律法规根据应急管理的特殊需求，规定了一系列特殊的行政规则和制度，如突发事件的应急处置程序、应急征用制度、应急信息发布制度等，这些是对行政法制度的丰富和补充。

（2）拓展行政法边界。应急法律法规在一定程度上拓展了行政法的调整范围和行政权力的行使边界，如在紧急状态下，政府可能拥有更广泛的行政权力，对公民权利的限制也可能有所扩大，但这种拓展是在特殊情况下为了维护公共利益和社会秩序，并且要受到严格的法律限制。

4. 应急法律法规与行政法在功能上相互配合

（1）共同维护秩序。行政法通过规范日常行政行为维护社会秩序；应急法律法规在突发事件发生时，通过特殊的法律规范和措施，保障应急管理工作的顺利进行，共同维护社会的稳定和正常秩序。

（2）保障权益功能互补。行政法在常态下保障公民、法人和其他组织的合法权益；应急法律法规在应急状态下，一方面要保障公共利益，另一方面要在特殊情况下尽可能保障公民的基本权利，二者在不同状态下相互配合，共同实现对权益的全面保障。

（三）应急法律法规与刑法的关系

应急法律法规与刑法的关系主要体现在以下几个方面。

1. 目的与功能的一致性

（1）维护社会秩序。应急法律法规旨在规范应急管理活动，确保在突发事件应对中社会秩序稳定、资源合理调配等。刑法通过规定犯罪与刑罚，威慑和惩罚犯罪行为，同样是为了维护社会秩序，在应急状态下，二者共同保障社会的稳定有序。

（2）保障公共安全和公民权益。应急法律法规侧重于从预防、处置等环节保障公共安全和公民在应急中的合法权益。刑法则通过制裁危害公共安全、侵犯公民人身权利等犯罪行为，为公共安全和公民权益提供强有力的保障。

2. 内容上的相互衔接与补充

（1）应急法律法规为刑法提供前置依据。应急法律法规规定了在应急管理中的各种行为规范和义务要求，如在突发事件应对中公民和组织的配合义务等，但当这些义务被严重违反，达到刑法规定的犯罪程度时，就可能引发刑法的适用。

（2）刑法为应急法律法规提供强制后盾。对于应急法律法规中规定的一些严重违法行为，刑法通过设定相应的罪名和刑罚来增强其威慑力，如《中华人民共和国刑法》中规定的以危险方法危害公共安全罪等罪名，可用于制裁在应急状态下严重危害公共安全的行为。

3. 适用上的相互配合

（1）行刑衔接。在应急管理执法过程中，对于发现的违法行为，首先依据应急法律法规进行处理，如果违法行为的性质和情节严重，达到了刑法规定的犯罪标准，就需要将案件移送司法机关，依据刑法追究刑事责任，形成行刑衔接机制。

（2）刑法在应急状态下的特殊适用。在应急状态下，刑法的适用可能会根据应急管理的需要有所调整和侧重，如在重大疫情等紧急状态下，司法机关会出台相关的司法解释或指导意见，明确刑法在应急状态下的具体适用规则，以更好地应对紧急情况。

4. 法律位阶与效力的不同

（1）应急法律法规位阶有差异。应急法律法规包括法律、行政法规、部门规章、地方性法规等不同位阶的规范性文件。不同位阶的应急法律法规在各自的范围内发挥作用，且不得与上位法相抵触。

（2）刑法具有较高的法律位阶和效力。刑法是基本法律，由全国人大制定，在法律体系中具有较高的位阶和效力。应急法律法规在与刑法的规定相衔接和协调时，不得与刑法的基本原则和强制性规定相冲突。

（四）应急法律法规与民法的关系

应急法律法规与民法之间存在密切的关系，主要体现在以下几个方面。

1. 权利保障与责任分配

（1）民法对应急行为的规范。《中华人民共和国民法典》中明确规定了在紧急情况下相关主体的权利和义务。例如，在抢险救灾、疫情防控等紧急需要时，依照法律规定的权限和程序可以征用组织或个人的不动产或动产，使用后应当返还，若毁损、灭失则需给予补偿。这体现了民法在应急情况下的权利保障和责任分配原则。

（2）应急法律法规对民事责任的影响。应急法律法规在处理突发事件时，也会涉及民事责任的认定。例如，生产经营场所的经营者、管理者未尽到安全保障义务，造成他人损害的，应当承担侵权责任。这种责任认定与民法中的侵权责任相衔接。

2. 法律框架与适用

（1）民法作为基础法律框架。民法为应急法律法规提供了基础性的法律框架。例如，《中华人民共和国民法典》中关于安全保障义务、侵权责任等规定，为应急法律法规在具体实施过程中提供了法律依据。

（2）应急法律法规的补充与细化。应急法律法规则对民法中的相关规定进行补充和细化。例如，《中华人民共和国突发事件应对法》对突发事件的预防、监测、预警、处置与救援等全过程进行了规范，这些规定在《中华人民共和国民法典》中并未详细涉及。

3. 协调与衔接

（1）法律适用的协调。在处理突发事件时，民法与应急法律法规需要相互协调。例如，《中华人民共和国突发事件应对法》规定，对于公共卫生事件的应对，如果《中华人民共和国传染病防治法》等有关法律有具体规定的，适用其规定，没有规定的则适用《中华人民共和国突发事件应对法》。这种协调机制确保了法律适用的连贯性和一致性。

（2）法律责任的衔接。在应急情况下，相关主体可能同时面临行政责任、刑事责任和民事责任。例如，履职不到位导致生产安全事故的，相关责任人不仅要受到行政、刑事处罚，还要承担民法中的侵权责任。

4. 对社会关系的调整

（1）民法对社会关系的调整。民法通过规定民事主体的权利和义务，调整社会关系。在应急情况下，这些规定能够保障公民的基本权利，维护社会秩序。例如，《中华人民共和国民法典》明确了监护人在紧急情况下无法履行监护职责时，居委会、村委会或民政部门应安排临时生活照料措施。

（2）应急法律法规对社会关系的调整。应急法律法规则侧重于在突发事件发生时，对社会资源的调配和社会秩序的维护。例如，在疫情防控中，政府可以依法征用个人或组织的财产，以保障公共利益。

5. 对权利—权力关系的影响

（1）民法提升权利地位。《中华人民共和国民法典》的出台提升了公民权利的法律地位，强调了对公民权利的保护。应急法律法规在实施过程中，也须遵循这一原则，确保在应急措施中不侵犯公民的基本权利。

（2）应急法律法规强化权力保障。应急法律法规赋予行政机关在紧急情况下采取必要措施的权力，但这种权力的行使必须在法律框架内进行，以确保合法性和正当性。

综上所述，应急法律法规与民法在权利保障、法律适用、法律责任等方面相互补充、相互衔接，共同构成了应对突发事件的法律体系。

（五）应急法律法规与其他专门法律法规的关系

应急法律法规与其他专门法律法规存在着既相互区别又相互联系、相互补充配合的关系，以下是具体分析。

1. 应急法律法规与环境保护法律法规

（1）区别。环境保护法律法规主要关注日常环境的保护、污染防治等；而应急法律法规侧重于应对各类突发事件，包括但不限于环境突发事故等的紧急处置。

（2）联系。在应对环境突发事故时，如重大环境污染事件，既要遵循应急法律法规中关于应急响应、处置等通用规定，也要依据环境保护法律法规中针对环境问题的特殊规定和标准，如环境质量标准、污染物排放标准等，来采取具体的应对措施和进行后续处理。

2. 应急法律法规与安全生产法律法规

（1）区别。安全生产法律法规重点在于规范生产经营活动中的安全管理，预防事故发生；而应急法律法规着眼于事故发生后的应急救援、处置等阶段。

（2）联系。安全生产法律法规中也有关于事故应急救援的部分内容，是应急法律法规在安全生产领域的细化和延伸。应急法律法规为安全生产事故的应急处置提供了宏观指导和通用规范，二者共同致力于保障生产安全和人员生命财产安全。

3. 应急法律法规与卫生健康法律法规

（1）区别。卫生健康法律法规通常规范医疗卫生服务、公共卫生管理等日常事务，应急法律法规则着重于在突发公共卫生事件等紧急情况下的特殊应对。

（2）联系。在突发公共卫生事件中，如重大传染病疫情，卫生健康法律法规中的传染病防治法等应与应急法律法规相互配合。应急法律法规为卫生健康部门在紧急状态下采取大规模防控措施、调配医疗资源等提供了法律依据和保障，而卫生健康法律法规为具体的医疗救治、疫情防控等工作提供了专业指导和规范。

4. 应急法律法规与消防法律法规

（1）区别。消防法律法规主要针对火灾预防、消防设施建设、消防救援等消防领域的专门事务；应急法律法规涵盖的突发事件类型更广泛，包括但不限于火灾。

（2）联系。在火灾事故发生时，消防法律法规是开展灭火救援等工作的直接依据，而应急法律法规中的相关规定则为跨部门、跨区域的协同救援，以及为火灾引发次生灾害等复杂情况下的应对提供更全面的指导和协调机制。

复习与思考

一、单项选择题

1. 宪法是应急法律法规的（　　）。

A. 根基　　B. 具体呈现　　C. 丰富　　D. 发展

2. 部门规章是应急管理的（　　）。

A. 操作指南　　B. 根本遵循

C. 核心规范　　D. 具体细化

3. 应急法律法规在法律体系中的地位是（　　）。

A. 不可或缺的构成部分　　B. 保障公众权益

C. 规范权力运行　　D. 维护社会秩序

4. 应急管理是政府及其他公共机构在突发事件的事前、事发、（　　）、事后全过程中，采取预防和应急准备、监测与预警、应急处置与救援、恢复与重建等一系列措施，以保障公众生命财产安全，促进社会安全发展的活动。

A. 事前　　B. 事发　　C. 事中　　D. 事后

5. 应急管理的核心目标是（　　）。

A. 降低突发事件危害　　B. 提高政府公信力

C. 促进经济增长　　D. 加强国际合作

6. 我国应急管理体系进入“大应急”时代的标志是（ ）。

A. 2003 年 SARS 事件

B. 2007 年《中华人民共和国突发事件应对法》颁布

C. 2018 年应急管理部成立

D. 2020 年新冠疫情应对

7. 应急法律法规体系的核心法律是（ ）。

A.《中华人民共和国安全生产法》 B.《中华人民共和国突发事件应对法》

C.《中华人民共和国防震减灾法》 D.《中华人民共和国传染病防治法》

8. 宪法在应急法律法规体系中的地位是（ ）。

A. 具体实施细则 B. 根本遵循

C. 补充规范 D. 司法解释依据

9. 应急管理的任务不包括（ ）。

A. 预防与准备 B. 监测与预警

C. 事后赔偿 D. 恢复与重建

10. 应急法律法规与行政法的关系是（ ）。

A. 特殊组成部分 B. 平行独立体系

C. 完全包含关系 D. 没有关联

二、多项选择题

1. 应急管理的特点包括（ ）。

A. 综合性系统性 B. 多学科交叉性

C. 全过程管理性 D. 多主体参与性

2. 我国应急法律法规框架层级包括（ ）。

A. 宪法 B. 法律 C. 行政法规 D. 部门规章

E. 地方性法规

3. 应急法律法规的作用包括（ ）。

A. 规范权力运行 B. 保障公众权益

C. 维护社会秩序 D. 促进国际合作

4. 应急管理发展历程包括（ ）。

A. 国外萌芽阶段 B. 国内系统建设阶段

C. 国外成熟阶段 D. 国内整合优化阶段

5. 应急法律法规与其他法律法规的关系正确的有（　　）。

A. 宪法是立法基础　　B. 行政法提供原则指导

C. 刑法提供强制后盾　　D. 民法调整社会关系

三、简答题

1. 简述我国应急法律法规框架的层级结构。

2. 简述应急法律法规与宪法的关系。

3. 简述应急法律法规与行政法的关系。

4. 简述应急法律法规与民法的关系。

第二章

《中华人民共和国突发事件应对法》

学习目标

知识目标	（1）掌握《中华人民共和国突发事件应对法》核心要义，明确立法目的与适用范围，理解突发事件分类分级标准。 （2）熟悉政府主导、社会协同、属地管理的应对机制框架。 （3）掌握突发事件应急预案体系。 （4）掌握监测预警体系构建及信息发布规则。 （5）熟悉事后恢复与重建流程。
技能目标	（1）能够运用条例知识准确判断突发事件应对过程中的行为是否合法合规。 （2）学会运用法律知识制定切实可行的突发事件应对方案。
职业道德和素养目标	通过法律学习，在未来工作中能够知法、懂法、守法、依法。

知识图谱

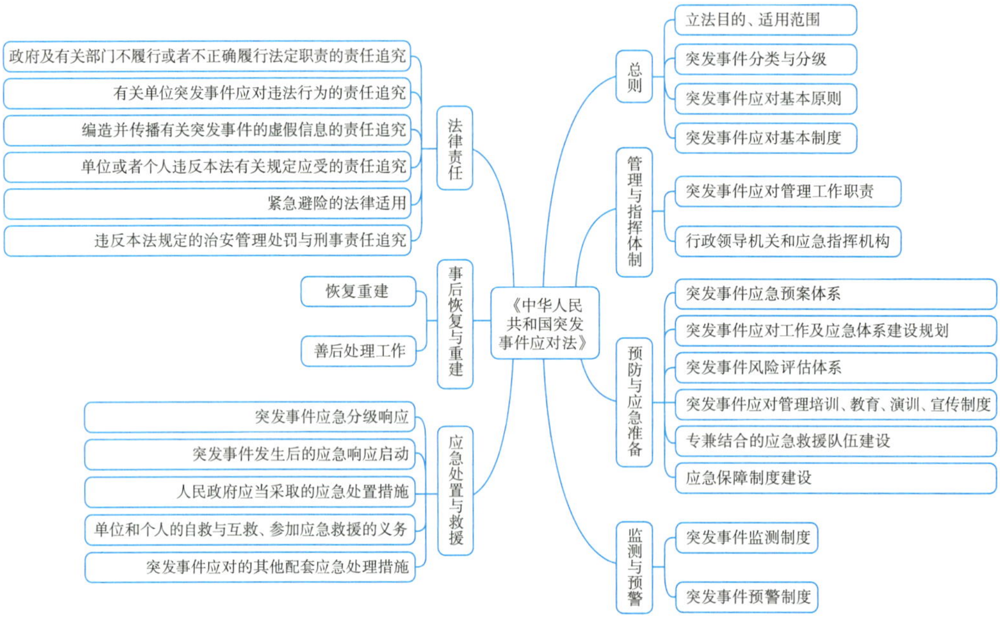

第一节 总 则

一、立法目的、适用范围

（一）立法目的

党中央、国务院高度重视突发事件应对管理工作。习近平总书记多次强调依法防控、依法治理的极端重要性，对完善疫情防控法律体系、健全国家公共卫生应急管理体系、构建生物安全法律法规体系提出明确要求。

制定《中华人民共和国突发事件应对法》是为了预防和减少突发事件的发生，控制、减轻和消除突发事件引起的严重社会危害，提高突发事件预防和应对能力，规范突发事件应对活动，保护人民生命财产安全，维护国家安全、公共安全、生态环境安全和社会秩序。

（二）适用范围

1. 突发事件的定义与特点

《中华人民共和国突发事件应对法》所称突发事件，是指突然发生，造成或者可能造成严重社会危害，需要采取应急处置措施予以应对的自然灾害、事故灾难、公共卫生事件和社会安全事件。

突发事件具有以下几个鲜明的特点：

（1）明显的公共性或者社会性；

（2）突发性和紧急紧迫性；

（3）危害性和破坏性；

（4）需要公权力和社会力量介入；

（5）高度不确定性；

（6）决策的非程序性等。

2. 适用范围

《中华人民共和国突发事件应对法》适用于突发事件的预防与应急准备、监测与预警、应急处置与救援、事后恢复与重建等应对活动。《中华人民共和国传染病防治法》等有关法律对突发公共卫生事件应对作出规定的，适用其规定。有关法律没有规定的，适用《中华人民共和国突发事件应对法》。

《中华人民共和国突发事件应对法》适用于我国公民，也适用于外国人、无国籍人。在中华人民共和国境内的外国人、无国籍人应当遵守《中华人民共和国突发事件应对法》，服从所在地人民政府及其有关部门依法发布的决定、命令，并配合其依法采取的措施。

二、突发事件分类与分级

突发事件分为自然灾害、事故灾难、公共卫生事件和社会安全事件四大类。按照社会危害程度、影响范围等因素，国家将突发自然灾害、事故灾难、公共卫生事件分为特别重大、重大、较大和一般四级。法律、行政法规或者国务院另有规定的，从其规定。突发事件的分级标准由国务院或者国务院确定的部门制定。

三、突发事件应对基本原则

（1）突发事件应对工作坚持中国共产党的领导，坚持以马克思列宁主义、毛泽东思想、邓小平理论、“三个代表”重要思想、科学发展观、习近平新时代中国特色社会主义思想为指导，建立健全集中统一、高效权威的中国特色突发事件应对工作领导体制，完善党委领导、政府负责、部门联动、军地联合、社会协同、公众参与、科技支撑、法治保障的治理体系。

（2）突发事件应对工作应当坚持总体国家安全观，统筹发展与安全；坚持人民至上、生命至上；坚持依法科学应对，尊重和保障人权；坚持预防为主、预防与应急相结合。

四、突发事件应对基本制度

1. 社会动员机制

国家建立有效的社会动员机制，组织动员企业事业单位、社会组织、志愿者等各方力量依法有序参与突发事件应对工作，增强全民的公共安全和防范风险意识，提高全社会的避险救助能力。

2. 国家建立健全突发事件信息发布制度

有关人民政府和部门应当及时向社会公布突发事件相关信息和有关突发事件应对的决定、命令、措施等信息。

任何单位和个人不得编造、故意传播有关突发事件的虚假信息。有关人民政府和部门发现影响或者可能影响社会稳定、扰乱社会和经济管理秩序的虚假或者不完整信息的，应当及时发布准确的信息予以澄清。

3. 国家建立健全突发事件新闻采访报道制度

有关人民政府和部门应当做好新闻媒体服务引导工作，支持新闻媒体开展采访报道和舆论监督。

新闻媒体采访报道突发事件应当及时、准确、客观、公正。新闻媒体应当开展突发事件应对法律法规、预防与应急、自救与互救知识等的公益宣传。

4. 国家建立突发事件应对工作投诉、举报制度，公布统一的投诉、举报方式

对于不履行或者不正确履行突发事件应对工作职责的行为，任何单位和个人有权向有关人民政府和部门投诉、举报。接到投诉、举报的人民政府和部门应当依照规定立即组织调查处理，并将调查处理结果以适当方式告知投诉人、举报人；投诉、

举报事项不属于其职责的，应当及时移送有关机关处理。

有关人民政府和部门对投诉人、举报人的相关信息应当予以保密，保护投诉人、举报人的合法权益。

5. 应对措施适应与最大有利维权制度

突发事件应对措施应当与突发事件可能造成的社会危害的性质、程度和范围相适应；有多种措施可供选择的，应当选择有利于最大限度地保护公民、法人和其他组织权益，且对他人权益损害和生态环境影响较小的措施，并根据情况变化及时调整，做到科学、精准、有效。

6. 特殊、优先保护制度

国家在突发事件应对工作中，应当对未成年人、老年人、残疾人、孕产期和哺乳期的妇女、需要及时就医的伤病人员等群体给予特殊、优先保护。

7. 财产征用补偿制度

县级以上人民政府及其部门为应对突发事件的紧急需要，可以征用单位和个人的设备、设施、场地、交通工具等财产。被征用的财产在使用完毕或者突发事件应急处置工作结束后，应当及时返还。财产被征用或者征用后毁损、灭失的，应当给予公平、合理的补偿。

8. 时效中止和程序中止制度

因依法采取突发事件应对措施，致使诉讼、监察调查、行政复议、仲裁、国家赔偿等活动不能正常进行的，适用有关时效中止和程序中止的规定，法律另有规定的除外。

9. 国际合作与交流制度

中华人民共和国政府在突发事件的预防与应急准备、监测与预警、应急处置与救援、事后恢复与重建等方面，同外国政府和有关国际组织开展合作与交流。

10. 表彰、奖励制度

对在突发事件应对工作中作出突出贡献的单位和个人，按照国家有关规定给予表彰、奖励。

11. 紧急状态制度

发生特别重大突发事件，对人民生命财产安全、国家安全、公共安全、生态环境安全或者社会秩序构成重大威胁，采取本法和其他有关法律法规、规章规定的应急处置措施不能消除或者有效控制、减轻其严重社会危害，需要进入紧急状态的，由全国人民代表大会常务委员会或者国务院依照宪法和其他有关法律规定的权限和程序决定。

紧急状态期间采取的非常措施，依照有关法律规定执行或者由全国人民代表大会常务委员会另行规定。

12. 境外突发事件应对制度

中华人民共和国领域外发生突发事件，造成或者可能造成中华人民共和国公民、法人和其他组织人身伤亡、财产损失的，由国务院外交部门会同国务院其他有关部门、有关地方人民政府，按照国家有关规定做好应对工作。

第二节 管理与指挥体制

一、突发事件应对管理工作职责

（一）应急管理体制和工作体系

国家建立统一指挥、专常兼备、反应灵敏、上下联动的应急管理体制和以综合协调、分类管理、分级负责、属地管理为主的工作体系。

（二）突发事件应对管理工作职责界定

1. 县级人民政府的工作职责

县级人民政府对本行政区域内突发事件的应对管理工作负责。突发事件发生后，发生地县级人民政府应当立即采取措施控制事态发展，组织开展应急救援和处置工作，并立即向上一级人民政府报告，必要时可以越级上报，具备条件的，应当进行网络直报或者自动速报。

2. 上级任命政府的工作职责

突发事件发生地县级人民政府不能消除或者不能有效控制突发事件引起的严重社会危害的，应当及时向上级人民政府报告。上级人民政府应当及时采取措施，统一领导应急处置工作。

3. 国务院有关部门的工作职责

法律、行政法规规定由国务院有关部门对突发事件应对管理工作负责的，从其规定；地方人民政府应当积极配合并提供必要的支持。

4. 突发事件跨行政区域的人民政府工作职责

突发事件涉及两个以上行政区域的，其应对管理工作由有关行政区域共同的上一级人民政府负责，或者由各有关行政区域的上一级人民政府共同负责。共同负责的人民政府应当按照国家有关规定，建立信息共享和协调配合机制。根据共同应对突发事件的需要，地方人民政府之间可以建立协同应对机制。

5. 应急管理部门和卫生健康、公安等有关部门的工作职责

县级以上人民政府应急管理部门和卫生健康、公安等有关部门应当在各自职责范围内做好有关突发事件应对管理工作，并指导、协助下级人民政府及其相应部门做好有关突发事件的应对管理工作。

6. 基层政府及群众自治组织的工作职责

乡级人民政府、街道办事处应当明确专门工作力量，负责突发事件应对有关工作。居民委员会、村民委员会依法协助人民政府和有关部门做好突发事件应对工作。

7. 公民、法人和其他组织的参与义务

公民、法人和其他组织有义务参与突发事件应对工作。

8. 军事和武装力量的工作职责

中国人民解放军、中国人民武装警察部队和民兵组织依照本法和其他有关法律、行政法规、军事法规的规定以及国务院、中央军事委员会的命令，参加突发事件的应急救援和处置工作。

二、行政领导机关和应急指挥机构

（一）突发事件应急指挥机构的设立

县级以上人民政府是突发事件应对管理工作的行政领导机关。

1. 国家突发事件应急指挥机构

国务院在总理领导下研究、决定和部署特别重大突发事件的应对工作；根据实

际需要，设立国家突发事件应急指挥机构，负责突发事件应对工作；必要时，国务院可以派出工作组指导有关工作。

2. 地方突发事件应急指挥机构

县级以上地方人民政府设立由本级人民政府主要负责人、相关部门负责人、国家综合性消防救援队伍和驻当地中国人民解放军、中国人民武装警察部队有关负责人等组成的突发事件应急指挥机构，统一领导、协调本级人民政府各有关部门和下级人民政府开展突发事件应对工作；根据实际需要，设立相关类别突发事件应急指挥机构，组织、协调、指挥突发事件应对工作。

（二）突发事件应急指挥机构的权限

突发事件应急指挥机构在突发事件应对过程中可以依法发布有关突发事件应对的决定、命令、措施。突发事件应急指挥机构发布的决定、命令、措施与设立它的人民政府发布的决定、命令、措施具有同等效力，法律责任由设立它的人民政府承担。

（三）突发事件应对的备案与专项工作报告制度

县级以上人民政府及其设立的突发事件应急指挥机构发布的有关突发事件应对的决定、命令、措施，应当及时报本级人民代表大会常务委员会备案；突发事件应急处置工作结束后，应当向本级人民代表大会常务委员会作出专项工作报告。

第三节 预防与应急准备

一、突发事件应急预案体系

（1）国家应急预案体系。国务院制定国家突发事件总体应急预案，组织制定国家突发事件专项应急预案；国务院有关部门根据各自的职责和国务院相关应急预案，制定国家突发事件部门应急预案并报国务院备案。

（2）地方政府应急预案体系。地方各级人民政府和县级以上地方人民政府有关部门根据有关法律、法规、规章、上级人民政府及其有关部门的应急预案以及本地区、本部门的实际情况，制定相应的突发事件应急预案并按国务院有关规定备案。

（3）应急预案体系建设的指导与综合协调。县级以上人民政府应急管理部门指导突发事件应急预案体系建设，综合协调应急预案衔接工作，增强有关应急预案的衔接性和实效性。

（4）应急预案的基本内容要求。应急预案应当根据本法和其他有关法律、法规的规定，针对突发事件的性质、特点和可能造成的社会危害，具体规定突发事件应对管理工作的组织指挥体系与职责和突发事件的预防与预警机制、处置程序、应急保障措施以及事后恢复与重建措施等内容。

（5）应急预案的制定、修订、备案等工作程序和管理办法。应急预案制定机关应当广泛听取有关部门、单位、专家和社会各方面意见，增强应急预案的针对性和可操作性，并根据实际需要、情势变化、应急演练中发现的问题等及时对应急预案作出修订。应急预案的制定、修订、备案等工作程序和管理办法由国务院规定。

二、突发事件应对工作及应急体系建设规划

（1）制定应急体系建设规划。县级以上人民政府应当将突发事件应对工作纳入国民经济和社会发展规划。县级以上人民政府有关部门应当制定突发事件应急体系建设规划。

（2）设备和基础设施建设。国土空间规划等规划应当符合预防、处置突发事件的需要，统筹安排突发事件应对工作所必需的设备和基础设施建设，合理确定应急避难、封闭隔离、紧急医疗救治等场所，实现日常使用和应急使用的相互转换。

（3）应急避难场所的建设和管理。国务院应急管理部门会同卫生健康、自然资源、住房城乡建设等部门统筹、指导全国应急避难场所的建设和管理工作，建立健全应急避难场所标准体系。县级以上地方人民政府负责本行政区域内应急避难场所的规划、建设和管理工作。

三、突发事件风险评估体系

（1）国家建立健全突发事件风险评估体系，对可能发生的突发事件进行综合性评估，有针对性地采取有效防范措施，减少突发事件的发生，最大限度减轻突发事件的影响。

（2）县级人民政府应当对本行政区域内容易引发自然灾害、事故灾难和公共卫

生事件的危险源、危险区域进行调查、登记、风险评估，定期进行检查、监控，并责令有关单位采取安全防范措施。

（3）省级和设区的市级人民政府应当对本行政区域内容易引发特别重大、重大突发事件的危险源、危险区域进行调查、登记、风险评估，组织进行检查、监控，并责令有关单位采取安全防范措施。

（4）县级以上地方人民政府应当根据情况变化，及时调整危险源、危险区域的登记。登记的危险源、危险区域及其基础信息，应当按照国家有关规定接入突发事件信息系统，并及时向社会公布。

（5）县级人民政府及其有关部门、乡级人民政府、街道办事处、居民委员会、村民委员会应当及时调解处理可能引发社会安全事件的矛盾纠纷。

（6）所有单位应当建立健全安全管理制度，定期开展危险源辨识评估，制定安全防范措施；定期检查本单位各项安全防范措施的落实情况，及时消除事故隐患；掌握并及时处理本单位存在的可能引发社会安全事件的问题，防止矛盾激化和事态扩大；对本单位可能发生的突发事件和采取安全防范措施的情况，应当按照规定及时向所在地人民政府或者有关部门报告。

（7）矿山、金属冶炼、建筑施工单位和易燃易爆物品、危险化学品、放射性物品等危险物品的生产、经营、运输、储存、使用单位，应当制定具体应急预案，配备必要的应急救援器材、设备和物资，并对生产经营场所、有危险物品的建筑物、构筑物及周边环境开展隐患排查，及时采取措施管控风险和消除隐患，防止发生突发事件。

（8）公共交通工具、公共场所和其他人员密集场所的经营单位或者管理单位应当制定具体应急预案，为交通工具和有关场所配备报警装置和必要的应急救援设备、设施，注明其使用方法，并显著标明安全撤离的通道、路线，保证安全通道、出口的畅通。有关单位应当定期检测、维护其报警装置和应急救援设备、设施，使其处于良好状态，确保正常使用。

四、突发事件应对管理培训、教育、演训、宣传制度

（1）应急培训制度。县级以上人民政府应当建立健全突发事件应对管理培训制度，对人民政府及其有关部门负有突发事件应对管理职责的工作人员以及居民委员会、村民委员会有关人员定期进行培训。

（2）中国人民解放军、中国人民武装警察部队和民兵组织应当有计划地组织开展应急救援的专门训练。

（3）县级人民政府及其有关部门、乡级人民政府、街道办事处应当组织开展面向社会公众的应急知识宣传普及活动和必要的应急演练。

（4）居民委员会、村民委员会、企业事业单位、社会组织应当根据所在地人民政府的要求，结合各自的实际情况，开展面向居民、村民、职工等的应急知识宣传普及活动和必要的应急演练。

（5）各级各类学校应当把应急教育纳入教育教学计划，对学生及教职工开展应急知识教育和应急演练，培养安全意识，提高自救与互救能力。教育主管部门应当对学校开展应急教育进行指导和监督，应急管理等部门应当给予支持。

五、专兼结合的应急救援队伍建设

（1）国家综合性消防救援队伍、专业应急救援队伍。国家综合性消防救援队伍是应急救援的综合性常备骨干力量，按照国家有关规定执行综合应急救援任务。县级以上人民政府有关部门可以根据实际需要设立专业应急救援队伍。

（2）志愿应急救援队伍、基层应急救援队伍、专职或者兼职应急救援队伍。县级以上人民政府及其有关部门可以建立由成年志愿者组成的应急救援队伍。乡级人民政府、街道办事处和有条件的居民委员会、村民委员会可以建立基层应急救援队伍，及时、就近开展应急救援。单位应当建立由本单位职工组成的专职或者兼职应急救援队伍。

（3）提供社会化服务的应急救援队伍。国家鼓励和支持社会力量建立提供社会化应急救援服务的应急救援队伍。社会力量建立的应急救援队伍参与突发事件应对工作应当服从履行统一领导职责或者组织处置突发事件的人民政府、突发事件应急指挥机构的统一指挥。

（4）县级以上人民政府应当推动专业应急救援队伍与非专业应急救援队伍联合培训、联合演练，提高合成应急、协同应急的能力。

（5）地方各级人民政府、县级以上人民政府有关部门、有关单位应当为其组建的应急救援队伍购买人身意外伤害保险，配备必要的防护装备和器材，防范和减少应急救援人员的人身伤害风险。

（6）专业应急救援人员应当具备相应的身体条件、专业技能和心理素质，取得国家规定的应急救援职业资格，具体办法由国务院应急管理部门会同国务院有关部门制定。

六、应急保障制度建设

（一）经费保障

各级人民政府应当将突发事件应对工作所需经费纳入本级预算，并加强资金管理，提高资金使用绩效。

（二）应急物资储备保障制度

（1）国家按照集中管理、统一调拨、平时服务、灾时应急、采储结合、节约高效的原则，建立健全应急物资储备保障制度，动态更新应急物资储备品种目录，完善重要应急物资的监管、生产、采购、储备、调拨和紧急配送体系，促进安全应急产业发展，优化产业布局。

（2）国家储备物资品种目录、总体发展规划，由国务院发展改革部门会同国务院有关部门拟订。国务院应急管理等部门依据职责制定应急物资储备规划、品种目录，并组织实施。应急物资储备规划应当纳入国家储备总体发展规划。

（3）设区的市级以上人民政府和突发事件易发、多发地区的县级人民政府应当建立应急救援物资、生活必需品和应急处置装备的储备保障制度。

（4）县级以上地方人民政府应当根据本地区的实际情况和突发事件应对工作的需要，依法与有条件的企业签订协议，保障应急救援物资、生活必需品和应急处置装备的生产、供给。有关企业应当根据协议，按照县级以上地方人民政府要求，进行应急救援物资、生活必需品和应急处置装备的生产、供给，并确保符合国家有关产品质量的标准和要求。

（5）国家鼓励公民、法人和其他组织储备基本的应急自救物资和生活必需品。有关部门可以向社会公布相关物资、物品的储备指南和建议清单。

（6）有关单位应当加强应急救援资金、物资的管理，提高使用效率。任何单位和个人不得截留、挪用、私分或者变相私分应急救援资金、物资。

（三）应急运输保障体系

（1）国家建立健全应急运输保障体系，统筹铁路、公路、水运、民航、邮政、快递等运输和服务方式，制定应急运输保障方案，保障应急物资、装备和人员及时运输。

（2）县级以上地方人民政府和有关主管部门应当根据国家应急运输保障方案，结合本地区实际做好应急调度和运力保障，确保运输通道和客货运枢纽畅通。

（3）国家发挥社会力量在应急运输保障中的积极作用。社会力量参与突发事件应急运输保障，应当服从突发事件应急指挥机构的统一指挥。

（四）能源应急保障体系

国家建立健全能源应急保障体系，提高能源安全保障能力，确保受突发事件影响地区的能源供应。

（五）应急通信、应急广播保障体系

国家建立健全应急通信、应急广播保障体系，加强应急通信系统、应急广播系统建设，确保突发事件应对工作的通信、广播安全畅通。

（六）突发事件卫生应急体系

（1）国家建立健全突发事件卫生应急体系，组织开展突发事件中的医疗救治、卫生学调查处置和心理援助等卫生应急工作，有效控制和消除危害。

（2）县级以上人民政府应当加强急救医疗服务网络的建设，配备相应的医疗救治物资、设施设备和人员，提高医疗卫生机构应对各类突发事件的救治能力。

（七）公民、法人和其他组织的支持和捐赠

国家鼓励公民、法人和其他组织为突发事件应对工作提供物资、资金、技术支持和捐赠。接受捐赠的单位应当及时公开接受捐赠的情况和受赠财产的使用、管理情况，接受社会监督。

（八）红十字会的紧急救援和人道救助

红十字会在突发事件中，应当对伤病人员和其他受害者提供紧急救援和人道救助，并协助人民政府开展与其职责相关的其他人道主义服务活动。有关人民政府应当给予红十字会支持和资助，保障其依法参与应对突发事件。

（九）慈善组织的募捐和救助

慈善组织在发生重大突发事件时开展募捐和救助活动，应当在有关人民政府的统筹协调、有序引导下依法进行。有关人民政府应当通过提供必要的需求信息、政府购买服务等方式，对慈善组织参与应对突发事件、开展应急慈善活动予以支持。

（十）巨灾风险保险体系

国家发展保险事业，建立政府支持、社会力量参与、市场化运作的巨灾风险保险体系，并鼓励单位和个人参加保险。

（十一）应急管理科技的研究、应用

国家加强应急管理基础科学、重点行业领域关键核心技术的研究，加强互联网、云计算、大数据、人工智能等现代技术手段在突发事件应对工作中的应用，鼓励、扶持有条件的教学科研机构、企业培养应急管理人才和科技人才，研发并推广新技术、新材料、新设备和新工具，提高突发事件应对能力。

（十二）专家咨询论证制度

县级以上人民政府及其有关部门应当建立健全突发事件专家咨询论证制度，发挥专业人员在突发事件应对工作中的作用。

第四节 监测与预警

一、突发事件监测制度

（一）基础信息数据库和监测网络

国家建立健全突发事件监测制度。县级以上人民政府及其有关部门应当根据自然灾害、事故灾难和公共卫生事件的种类和特点，建立健全基础信息数据库，完善监测网络，划分监测区域，确定监测点，明确监测项目，提供必要的设备、设施，配备专职或者兼职人员，对可能发生的突发事件进行监测。

（二）突发事件信息系统

国务院建立全国统一的突发事件信息系统。县级以上地方人民政府应当建立或者确定本地区统一的突发事件信息系统，汇集、储存、分析、传输有关突发事件的信息，并与上级人民政府及其有关部门、下级人民政府及其有关部门、专业机构、监测网点和重点企业的突发事件信息系统实现互联互通，加强跨部门、跨地区的信息共享与情报合作。

（1）突发事件信息的收集与报告。县级以上人民政府及其有关部门、专业机构

应当通过多种途径收集突发事件信息。县级人民政府应当在居民委员会、村民委员会和有关单位建立专职或者兼职信息报告员制度。

公民、法人或者其他组织发现发生突发事件，或者发现可能发生突发事件的异常情况，应当立即向所在地人民政府、有关主管部门或者指定的专业机构报告。接到报告的单位应当按照规定立即核实处理，对于不属于其职责的，应当立即移送相关单位核实处理。

（2）突发事件信息的报送与通报。地方各级人民政府应当按照国家有关规定向上级人民政府报送突发事件信息。县级以上人民政府有关主管部门应当向本级人民政府相关部门通报突发事件信息，并报告上级人民政府主管部门。专业机构、监测网点和信息报告员应当及时向所在地人民政府及其有关主管部门报告突发事件信息。

（3）有关单位和人员报送、报告突发事件信息，应当做到及时、客观、真实，不得迟报、谎报、瞒报、漏报，不得授意他人迟报、谎报、瞒报，不得阻碍他人报告。

（4）突发事件隐患和监测信息的汇总分析。县级以上地方人民政府应当及时汇总分析突发事件隐患和监测信息，必要时组织相关部门、专业技术人员、专家学者进行会商，对发生突发事件的可能性及其可能造成的影响进行评估；认为可能发生重大或者特别重大突发事件的，应当立即向上级人民政府报告，并向上级人民政府有关部门、当地驻军和可能受到危害的毗邻或者相关地区的人民政府通报，及时采取预防措施。

二、突发事件预警制度

（一）预警级别与方法

（1）国家建立健全突发事件预警制度。可以预警的自然灾害、事故灾难和公共卫生事件的预警级别，按照突发事件发生的紧急程度、发展势态和可能造成的危害程度分为一级、二级、三级和四级，分别用红色、橙色、黄色和蓝色标示，一级为最高级别。预警级别的划分标准由国务院或者国务院确定的部门制定。

（2）国家建立健全突发事件预警发布平台，按照有关规定及时、准确向社会发布突发事件预警信息。广播、电视、报刊以及网络服务提供者、电信运营商应当按照国家有关规定，建立突发事件预警信息快速发布通道，及时、准确、无偿播发或者刊载突发事件预警信息。

（3）公共场所和其他人员密集场所，应当指定专门人员负责突发事件预警信息接收和传播工作，做好相关设备、设施维护，确保突发事件预警信息及时、准确接收和传播。

（二）警报级别发布的权限和程序

（1）可以预警的自然灾害、事故灾难或者公共卫生事件即将发生或者发生的可能性增大时，县级以上地方人民政府应当根据有关法律、行政法规和国务院规定的权限和程序，发布相应级别的警报，决定并宣布有关地区进入预警期，同时向上一级人民政府报告，必要时可以越级上报；具备条件的，应当进行网络直报或者自动速报；同时向当地驻军和可能受到危害的毗邻或者相关地区的人民政府通报。

（2）发布警报应当明确预警类别、级别、起始时间、可能影响的范围、警示事项、应当采取的措施、发布单位和发布时间等。

（三）进入预警期后县级以上地方人民政府应采取的措施

（1）发布三级、四级警报，宣布进入预警期后，县级以上地方人民政府应当根据即将发生的突发事件的特点和可能造成的危害，采取下列措施：

①启动应急预案；

②责令有关部门、专业机构、监测网点和负有特定职责的人员及时收集、报告有关信息，向社会公布反映突发事件信息的渠道，加强对突发事件发生、发展情况的监测、预报和预警工作；

③组织有关部门和机构、专业技术人员、有关专家学者，随时对突发事件信息进行分析评估，预测发生突发事件可能性的大小、影响范围和强度以及可能发生的突发事件的级别；

④定时向社会发布与公众有关的突发事件预测信息和分析评估结果，并对相关信息的报道工作进行管理；

⑤及时按照有关规定向社会发布可能受到突发事件危害的警告，宣传避免、减轻危害的常识，公布咨询或者求助电话等联络方式和渠道。

（2）发布一级、二级警报，宣布进入预警期后，县级以上地方人民政府除采取

《中华人民共和国突发事件应对法》第六十六条规定的措施外，还应当针对即将发生的突发事件的特点和可能造成的危害，采取下列一项或者多项措施：

①责令应急救援队伍、负有特定职责的人员进入待命状态，并动员后备人员做好参加应急救援和处置工作的准备；

②调集应急救援所需物资、设备、工具，准备应急设施和应急避难、封闭隔离、紧急医疗救治等场所，并确保其处于良好状态、随时可以投入正常使用；

③加强对重点单位、重要部位和重要基础设施的安全保卫，维护社会治安秩序；

④采取必要措施，确保交通、通信、供水、排水、供电、供气、供热、医疗卫生、广播电视、气象等公共设施的安全和正常运行；

⑤及时向社会发布有关采取特定措施避免或者减轻危害的建议、劝告；

⑥转移、疏散或者撤离易受突发事件危害的人员并予以妥善安置，转移重要财产；

⑦关闭或者限制使用易受突发事件危害的场所，控制或者限制容易导致危害扩大的公共场所的活动；

⑧法律、法规、规章规定的其他必要的防范性、保护性措施。

（3）发布警报，宣布进入预警期后，县级以上人民政府应当对重要商品和服务市场情况加强监测，根据实际需要及时保障供应、稳定市场。必要时，国务院和省、自治区、直辖市人民政府可以按照《中华人民共和国价格法》等有关法律规定采取相应措施。

（4）对即将发生或者已经发生的社会安全事件，县级以上地方人民政府及其有关主管部门应当按照规定向上一级人民政府及其有关主管部门报告，必要时可以越级上报，具备条件的，应当进行网络直报或者自动速报。

（四）预警级别调整、重新发布与解除警报

发布突发事件警报的人民政府应当根据事态的发展，按照有关规定适时调整预警级别并重新发布。

有事实证明不可能发生突发事件或者危险已经解除的，发布警报的人民政府应当立即宣布解除警报，终止预警期，并解除已经采取的有关措施。

第五节 应急处置与救援

一、突发事件应急分级响应

国家建立健全突发事件应急响应制度。突发事件的应急响应级别，按照突发事件的性质、特点、可能造成的危害程度和影响范围等因素分为一级、二级、三级和四级，一级为最高级别。突发事件应急响应级别划分标准由国务院或者国务院确定的部门制定。县级以上人民政府及其有关部门应当在突发事件应急预案中确定应急响应级别。

二、突发事件发生后的应急响应启动

（1）突发事件发生后，履行统一领导职责或者组织处置突发事件的人民政府应当针对其性质、特点、危害程度和影响范围等，立即启动应急响应，组织有关部门，调动应急救援队伍和社会力量，依照法律、法规、规章和应急预案的规定，采取应急处置措施，并向上级人民政府报告；必要时，可以设立现场指挥部，负责现场应急处置与救援，统一指挥进入突发事件现场的单位和个人。

（2）启动应急响应，应当明确响应事项、级别、预计期限、应急处置措施等。

（3）履行统一领导职责或者组织处置突发事件的人民政府，应当建立协调机制，提供需求信息，引导志愿服务组织和志愿者等社会力量及时有序参与应急处置与救援工作。

三、人民政府应当采取的应急处置措施

（一）自然灾害、事故灾难或者公共卫生事件的应急处置措施

自然灾害、事故灾难或者公共卫生事件发生后，履行统一领导职责的人民政府应当采取下列一项或者多项应急处置措施：

（1）组织营救和救治受害人员，转移、疏散、撤离并妥善安置受到威胁的人员以及采取其他救助措施；

（2）迅速控制危险源，标明危险区域，封锁危险场所，划定警戒区，实行交通

管制、限制人员流动、封闭管理以及其他控制措施；

（3）立即抢修被损坏的交通、通信、供水、排水、供电、供气、供热、医疗卫生、广播电视、气象等公共设施，向受到危害的人员提供避难场所和生活必需品，实施医疗救护和卫生防疫以及其他保障措施；

（4）禁止或者限制使用有关设备、设施，关闭或者限制使用有关场所，中止人员密集的活动或者可能导致危害扩大的生产经营活动以及采取其他保护措施；

（5）启用本级人民政府设置的财政预备费和储备的应急救援物资，必要时调用其他急需物资、设备、设施、工具；

（6）组织公民、法人和其他组织参加应急救援和处置工作，要求具有特定专长的人员提供服务；

（7）保障食品、饮用水、药品、燃料等基本生活必需品的供应；

（8）依法从严惩处囤积居奇、哄抬价格、牟取暴利、制假售假等扰乱市场秩序的行为，维护市场秩序；

（9）依法从严惩处哄抢财物、干扰破坏应急处置工作等扰乱社会秩序的行为，维护社会治安；

（10）开展生态环境应急监测，保护集中式饮用水水源地等环境敏感目标，控制和处置污染物；

（11）采取防止发生次生、衍生事件的必要措施。

（二）社会安全事件的应急处置措施

社会安全事件发生后，组织处置工作的人民政府应当立即启动应急响应，组织有关部门针对事件的性质和特点，依照有关法律、行政法规和国家其他有关规定，采取下列一项或者多项应急处置措施：

（1）强制隔离使用器械相互对抗或者以暴力行为参与冲突的当事人，妥善解决现场纠纷和争端，控制事态发展；

（2）对特定区域内的建筑物、交通工具、设备、设施以及燃料、燃气、电力、水的供应进行控制；

（3）封锁有关场所、道路，查验现场人员的身份证件，限制有关公共场所内的活动；

（4）加强对易受冲击的核心机关和单位的警卫，在国家机关、军事机关、国家通讯社、广播电台、电视台、外国驻华使领馆等单位附近设置临时警戒线；

（5）法律、行政法规和国务院规定的其他必要措施。

（三）采取保障、控制等必要的应急措施

发生突发事件，严重影响国民经济正常运行时，国务院或者国务院授权的有关主管部门可以采取保障、控制等必要的应急措施，保障人民群众的基本生活需要，最大限度地减轻突发事件的影响。

（四）征用物资和请求支援

履行统一领导职责或者组织处置突发事件的人民政府及其有关部门，必要时可以向单位和个人征用应急救援所需设备、设施、场地、交通工具和其他物资，请求其他地方人民政府及其有关部门提供人力、物力、财力或者技术支援，要求生产、供应生活必需品和应急救援物资的企业组织生产、保证供给，要求提供医疗、交通等公共服务的组织提供相应的服务。

（五）应急救援力量的优先运输保障

履行统一领导职责或者组织处置突发事件的人民政府和有关主管部门，应当组织协调运输经营单位，优先运送处置突发事件所需物资、设备、工具、应急救援人员和受到突发事件危害的人员。

（六）帮助弱者和帮扶应急救援人员家庭

履行统一领导职责或者组织处置突发事件的人民政府及其有关部门，应当为受突发事件影响无人照料的无民事行为能力人、限制民事行为能力人提供及时有效帮助；建立健全联系帮扶应急救援人员家庭制度，帮助解决实际困难。

四、单位和个人的自救与互救、参加应急救援的义务

（1）突发事件发生地的居民委员会、村民委员会和其他组织应当按照当地人民政府的决定、命令，进行宣传动员，组织群众开展自救与互救，协助维护社会秩序；情况紧急的，应当立即组织群众开展自救与互救等先期处置工作。

（2）受到自然灾害危害或者发生事故灾难、公共卫生事件的单位，应当立即组织本单位应急救援队伍和工作人员营救受害人员，疏散、撤离、安置受到威胁的人员，控制危险源，标明危险区域，封锁危险场所，并采取其他防止危害扩大的必要措施，同时向所在地县级人民政府报告；对因本单位的问题引发的或者主体是本单

位人员的社会安全事件，有关单位应当按照规定上报情况，并迅速派出负责人赶赴现场开展劝解、疏导工作。

（3）突发事件发生地的其他单位应当服从人民政府发布的决定、命令，配合人民政府采取的应急处置措施，做好本单位的应急救援工作，并积极组织人员参加所在地的应急救援和处置工作。

（4）突发事件发生地的个人应当依法服从人民政府、居民委员会、村民委员会或者所属单位的指挥和安排，配合人民政府采取的应急处置措施，积极参加应急救援工作，协助维护社会秩序。

（5）国家支持城乡社区组织健全应急工作机制，强化城乡社区综合服务设施和信息平台应急功能，加强与突发事件信息系统数据共享，增强突发事件应急处置中保障群众基本生活和服务群众的能力。

五、突发事件应对的其他配套应急处置措施

（1）心理健康服务体系。国家采取措施，加强心理健康服务体系和人才队伍建设，支持引导心理健康服务人员和社会工作者对受突发事件影响的各类人群开展心理健康教育、心理评估、心理疏导、心理危机干预、心理行为问题诊治等心理援助工作。

（2）遇难人员的遗体保护。对于突发事件遇难人员的遗体，应当按照法律和国家有关规定，科学规范处置，加强卫生防疫，维护逝者尊严。对于逝者的遗物应当妥善保管。

（3）信息收集与保密。县级以上人民政府及其有关部门根据突发事件应对工作需要，在履行法定职责所必需的范围和限度内，可以要求公民、法人和其他组织提供应急处置与救援需要的信息，公民、法人和其他组织应当予以提供，法律另有规定的除外。县级以上人民政府及其有关部门对获取的相关信息，应当严格保密，并依法保护公民的通信自由和通信秘密。

（4）个人信息安全保障。在突发事件应急处置中，有关单位和个人因依照本法规定配合突发事件应对工作或者履行相关义务，需要获取他人个人信息的，应当依照法律规定的程序和方式取得并确保信息安全，不得非法收集、使用、加工、传输他人个人信息，不得非法买卖、提供或者公开他人个人信息。

因依法履行突发事件应对工作职责或者义务获取的个人信息，只能用于突发事

件应对，并在突发事件应对工作结束后予以销毁。确因依法作为证据使用或者调查评估需要留存或者延期销毁的，应当按照规定进行合法性、必要性、安全性评估，并采取相应保护和处理措施，严格依法使用。

第六节 事后恢复与重建

一、恢复重建

（1）解除应急响应。突发事件的威胁和危害得到控制或者消除后，履行统一领导职责或者组织处置突发事件的人民政府应当宣布解除应急响应，停止执行依照本法规定采取的应急处置措施，同时采取或者继续实施必要措施，防止发生自然灾害、事故灾难、公共卫生事件的次生、衍生事件或者重新引发社会安全事件，组织受影响地区尽快恢复社会秩序。

（2）制订恢复重建计划。突发事件应急处置工作结束后，履行统一领导职责的人民政府应当立即组织对突发事件造成的影响和损失进行调查评估，制订恢复重建计划，并向上一级人民政府报告。

（3）修复公共设施。受突发事件影响地区的人民政府应当及时组织和协调应急管理、卫生健康、公安、交通、铁路、民航、邮政、电信、建设、生态环境、水利、能源、广播电视等有关部门恢复社会秩序，尽快修复被损坏的交通、通信、供水、排水、供电、供气、供热、医疗卫生、水利、广播电视等公共设施。

（4）请求上级支持。受突发事件影响地区的人民政府开展恢复重建工作需要上一级人民政府支持的，可以向上一级人民政府提出请求。上一级人民政府应当根据受影响地区遭受的损失和实际情况，提供资金、物资支持和技术指导，组织协调其他地区和有关方面提供资金、物资和人力支援。

（5）扶持优惠政策。国务院根据受突发事件影响地区遭受损失的情况，制定扶持该地区有关行业发展的优惠政策。

（6）善后工作计划。受突发事件影响地区的人民政府应当根据本地区遭受的损失和采取应急处置措施的情况，制定救助、补偿、抚慰、抚恤、安置等善后工作计划并组织实施，妥善解决因处置突发事件引发的矛盾纠纷。

二、善后处理工作

（1）工资待遇和福利与补助。公民参加应急救援工作或者协助维护社会秩序期间，其所在单位应当保证其工资待遇和福利不变，并可以按照规定给予相应补助。

（2）工伤待遇、抚恤与医疗救治工作。县级以上人民政府对在应急救援工作中伤亡的人员依法落实工伤待遇、抚恤或者其他保障政策，并组织做好应急救援工作中致病人员的医疗救治工作。

（3）突发事件调查与应急处置评估。履行统一领导职责的人民政府在突发事件应对工作结束后，应当及时查明突发事件的发生经过和原因，总结突发事件应急处置工作的经验教训，制定改进措施，并向上一级人民政府提出报告。

（4）审计监督。突发事件应对工作中有关资金、物资的筹集、管理、分配、拨付和使用等情况，应当依法接受审计机关的审计监督。

（5）突发事件应对工作材料归档及移交。国家档案主管部门应当建立健全突发事件应对工作相关档案收集、整理、保护、利用工作机制。突发事件应对工作中形成的材料，应当按照国家规定归档，并向相关档案馆移交。

第七节 法律责任

一、政府及有关部门不履行或者不正确履行法定职责的责任追究

地方各级人民政府和县级以上人民政府有关部门违反本法规定，不履行或者不正确履行法定职责的，由其上级行政机关责令改正；有下列情形之一，由有关机关综合考虑突发事件发生的原因、后果、应对处置情况、行为人过错等因素，对负有责任的领导人员和直接责任人员依法给予处分：

（1）未按照规定采取预防措施，导致发生突发事件，或者未采取必要的防范措施，导致发生次生、衍生事件的；

（2）迟报、谎报、瞒报、漏报或者授意他人迟报、谎报、瞒报以及阻碍他人报告有关突发事件的信息，或者通报、报送、公布虚假信息，造成后果的；

（3）未按照规定及时发布突发事件警报、采取预警期的措施，导致损害发

生的；

（4）未按照规定及时采取措施处置突发事件或者处置不当，造成后果的；

（5）违反法律规定采取应对措施，侵犯公民生命健康权益的；

（6）不服从上级人民政府对突发事件应急处置工作的统一领导、指挥和协调的；

（7）未及时组织开展生产自救、恢复重建等善后工作的；

（8）截留、挪用、私分或者变相私分应急救援资金、物资的；

（9）不及时归还征用的单位和个人的财产，或者对被征用财产的单位和个人不按照规定给予补偿的。

二、有关单位突发事件应对违法行为的责任追究

有关单位有下列情形之一，由所在地履行统一领导职责的人民政府有关部门责令停产停业，暂扣或者吊销许可证件，并处五万元以上二十万元以下的罚款；情节特别严重的，并处二十万元以上一百万元以下的罚款：

（1）未按照规定采取预防措施，导致发生较大以上突发事件的；

（2）未及时消除已发现的可能引发突发事件的隐患，导致发生较大以上突发事件的；

（3）未做好应急物资储备和应急设备、设施日常维护、检测工作，导致发生较大以上突发事件或者突发事件危害扩大的；

（4）突发事件发生后，不及时组织开展应急救援工作，造成严重后果的。

其他法律对前款行为规定了处罚的，依照较重的规定处罚。

三、编造并传播有关突发事件的虚假信息的责任追究

违反本法规定，编造并传播有关突发事件的虚假信息，或者明知是有关突发事件的虚假信息而进行传播的，责令改正，给予警告；造成严重后果的，依法暂停其业务活动或者吊销其许可证件；负有直接责任的人员是公职人员的，还应当依法给予处分。

四、单位或者个人违反本法有关规定应受的责任追究

（1）单位或者个人违反本法规定，不服从所在地人民政府及其有关部门依法发

布的决定、命令或者不配合其依法采取的措施的，责令改正；造成严重后果的，依法给予行政处罚；负有直接责任的人员是公职人员的，还应当依法给予处分。

（2）单位或者个人违反本法关于个人信息保护规定的，由主管部门依照有关法律规定给予处罚。

（3）单位或者个人违反本法规定，导致突发事件发生或者危害扩大，造成人身、财产或者其他损害的，应当依法承担民事责任。

五、紧急避险的法律适用

为了使本人或者他人的人身、财产免受正在发生的危险而采取避险措施的，依照《中华人民共和国民法典》《中华人民共和国刑法》等法律关于紧急避险的规定处理。

六、违反本法规定的治安管理处罚与刑事责任追究

违反本法规定，构成违反治安管理行为的，依法给予治安管理处罚；构成犯罪的，依法追究刑事责任。

复习与思考

一、单项选择题

1.《中华人民共和国突发事件应对法》最新修订实施的时间是（　　）。

A. 2007 年 11 月 1 日　　B. 2024 年 6 月 28 日

C. 2024 年 11 月 1 日　　D. 2025 年 1 月 1 日

2. 突发事件应对工作应坚持的首要原则是（　　）。

A. 预防为主　　B. 人民至上、生命至上

C. 依法科学应对　　D. 社会协同

3. 突发事件分为（　　）。

A. 二级　　B. 三级　　C. 四级　　D. 五级

4. 特别重大突发事件的应急响应由（　　）负责。

A. 县级人民政府　　B. 市级人民政府

C. 省级人民政府　　D. 国务院

5. 应急避难场所的建设和管理由（　　）负责。

A. 国务院　　B. 省级政府

C. 县级以上地方政府　　D. 街道办事处

6. 预警级别最高级别的颜色是（　　）。

A. 红色　　B. 橙色　　C. 黄色　　D. 蓝色

7. 应急救援队伍的人身意外伤害保险由（　　）购买。

A. 个人　　B. 所在单位

C. 政府财政　　D. 保险公司

8. 突发事件信息发布制度要求做到（　　）。

A. 及时、准确、全面　　B. 及时、客观、真实

C. 快速、保密、权威　　D. 分级、分类、分区域

9. 恢复重建计划由（　　）制定。

A. 发生地县级政府　　B. 上一级政府

C. 省级政府　　D. 国务院

10. 编造传播虚假信息的最高处罚是（　　）。

A. 警告　　B. 罚款

C. 吊销许可证　　D. 刑事责任

二、多选题

1. 突发事件的特点包括（　　）。

A. 突发性和紧急性　　B. 明显的公共性

C. 高度不确定性　　D. 必须政府主导

2. 突发事件应对基本制度包括（　　）。

A. 社会动员机制　　B. 信息发布制度

C. 国际合作制度　　D. 紧急状态制度

3. 应急保障体系包括（　　）。

A. 物资储备　　B. 运输保障

C. 能源保障　　D. 通信保障

4. 预警期内政府可采取的措施包括（　　）。

A. 启动应急预案　　B. 组织避难场所

C. 加强治安保卫　　D. 关闭公共场所

5. 法律责任类型包括（　　）。

A. 行政处分　　B. 行政处罚

C. 民事责任　　D. 刑事责任

三、简答题

1. 简述应急突发事件的定义及四大类划分。
2. 简述应急突发事件恢复重建的程序。
3. 简述应急响应启动的程序要求。
4. 政府在突发事件应急处置中可采取哪些物资保障措施?
5. 简述单位和个人在突发事件中的义务。

第三章

生产安全事故应急管理法律法规

学习目标

知识目标	(1) 掌握《中华人民共和国安全生产法》关于生成安全事故准备、应急响应和善后处理的相关规定。 (2) 掌握生产安全事故调查处理的时限要求。 (3) 熟悉事故调查报告的内容。 (4) 熟悉应急准备和应急救援制度的内容。
技能目标	(1) 能够运用生产安全事故应急管理法律法规进行事故应急救援。 (2) 能够对事故进行分类并按照事故类型进行事故报告。
职业道德和素养目标	强化公共安全责任意识，通过法律的学习，在未来工作中能够准确地进行生产安全事故分类和报告，严格遵守法律法规和岗位职责。

知识图谱

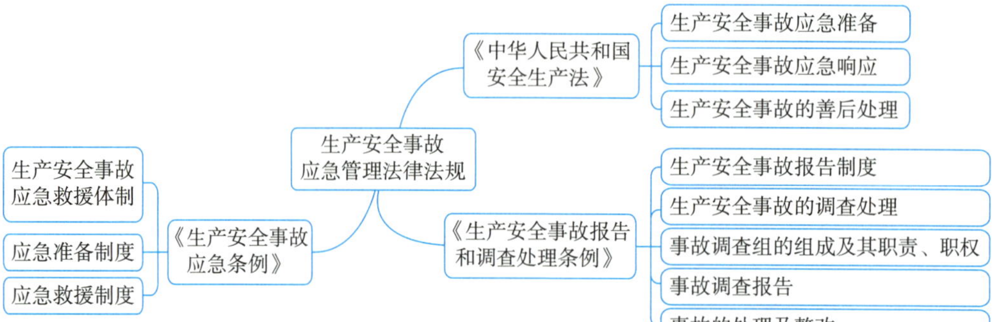

在安全生产领域，我们始终坚持“预防为主”的安全生产方针，但“预防”并非安全生产工作的全部内容，在重视“为主”的预防工作的同时，“为辅”的事故应急管理工作也不容忽略，因此生产安全事故应急管理制度是安全生产制度体系的重要组成部分。从立法体系来看，《中华人民共和国安全生产法》第五章“生产安全事故的应急救援与调查处理”为生产安全事故应急管理提供了制度框架，《生产安全事故应急条例》和《生产安全事故报告和调查处理条例》则对生产安全事故应急管理的多项具体制度各有偏重地进行了细化，部门规章《生产安全事故应急预案管理办法》对地方政府和生产经营单位在应急预案的编制和实施过程的责任和义务做了进一步分解。另外，《生产经营单位生产安全事故应急预案编制导则》（GB/T 29639—2020）对生产经营单位如何具体地编制应急预案提供了指导性规则，对生产经营单位具有重要的参考价值。本书仅对法律法规的相关内容进行介绍，部门规章和国家标准可供同学们用于扩展阅读。

第一节 《中华人民共和国安全生产法》

作为安全生产领域的基础性立法，《中华人民共和国安全生产法》重点规定了一系列生产安全事故预防的法律制度，但也专章规定了生产安全事故的应急管理制度，主要包括应急准备、应急响应和善后处理三大内容。

一、生产安全事故应急准备

《中华人民共和国安全生产法》规定了中央政府、地方政府、生产经营单位和社会力量四大主体的应急准备责任和义务。其中，中央政府的职责包括三项。第一，国家加强生产安全事故应急能力建设，在重点行业、领域建立应急救援基地和应急救援队伍，并由国家安全生产应急救援机构统一协调指挥。第二，为生产经营单位和其他社会力量应急救援队伍的建设提供鼓励性政策支持。第三，国务院应急管理部门牵头建立全国统一的生产安全事故应急救援信息系统，通过推行网上安全信息采集、安全监管和监测预警，提升监管的精准化、智能化水平；国务院交通运输、住房和城乡建设、水利、民航等有关部门建立本行业、领域的生产安全事故应急救援信息系统，与应急管理部应急救援信息系统实现互联互通、信息共享。

县级以上地方各级人民政府的生产安全事故应急救援职责包括两项。第一，建立本地区的生产安全事故应急救援信息系统，与上级政府及其相关职能部门的生产安全事故应急救援信息系统实现互联互通、信息共享。第二，组织有关部门制定本行政区域内生产安全事故应急救援预案，建立应急救援体系。

乡镇人民政府和街道办事处，以及开发区、工业园区、港区、风景区等应当制定相应的生产安全事故应急救援预案，协助人民政府有关部门或者按照授权依法履行生产安全事故应急救援工作职责。

生产经营单位的应急准备义务主要有两项。第一，制定本单位生产安全事故应急救援预案，与所在地县级以上地方人民政府组织制定的生产安全事故应急救援预案相衔接。第二，按照有关法律法规规定定期组织应急救援演练。但对于高危行业的企业，还需要建立应急救援组织并配备应急救援器材、设备和物资，具体规定为：危险物品的生产、经营、储存单位以及矿山、金属冶炼、城市轨道交通运营、建筑施工单位应当建立应急救援组织；生产经营规模较小的，可以不建立应急救援组织，但应当指定兼职的应急救援人员。危险物品的生产、经营、储存、运输单位以及矿山、金属冶炼、城市轨道交通运营、建筑施工单位应当配备必要的应急救援器材、设备和物资，并进行经常性维护、保养，保证正常运转。

对于具有相应救援人力、物力资源的生产经营单位和社会力量，国家鼓励他们建立应急救援队伍，配备相应的应急救援装备和物资，提供社会化的应急救援服务。

二、生产安全事故应急响应

生产安全事故应急响应制度包括事故报告和事故救援两项制度，主要涉及生产经营单位和政府两大主体。生产经营单位发生生产安全事故后，事故现场有关人员应当立即报告本单位负责人。单位负责人接到事故报告后，应当迅速采取有效措施，组织抢救，防止事故扩大，减少人员伤亡和财产损失，并按照国家有关规定立即如实报告当地负有安全生产监督管理职责的部门，不得隐瞒不报、谎报或者迟报，不得故意破坏事故现场、毁灭有关证据。

负有安全生产监督管理职责的部门接到事故报告后，应当立即按照国家有关规定上报事故情况。负有安全生产监督管理职责的部门和有关地方人民政府对事故情况不得隐瞒不报、谎报或者迟报。有关地方人民政府和负有安全生产监督管理职责的部门负责人接到生产安全事故报告后，应当按照生产安全事故应急救援预案的要求立即赶到事故现场，组织事故抢救。参与事故抢救的部门和单位应当服从统一指挥，加强协同联动，采取有效的应急救援措施，并根据事故救援的需要采取警戒、疏散等措施，防止事故扩大和次生灾害的发生，减少人员伤亡和财产损失。

在规定了生产经营单位和政府及其职能部门在事故报告和救援中的义务与责任的同时，法律还规定了社会配合义务，要求“任何单位和个人都应当支持、配合事故抢救，并提供一切便利条件”。

三、生产安全事故的善后处理

生产安全事故善后处理包括事故调查处理、事故整改和伤亡人员待遇落实等问题。就事故调查处理，《中华人民共和国安全生产法》规定了四大原则和五项任务；就事故整改，规定了事故单位的整改义务和当地政府的监管职责；就伤亡人员待遇，规定因生产安全事故受到损害的从业人员享受工伤保险待遇和民事求偿的权利。

（一）事故调查处理的四大原则

2002 年颁布的《中华人民共和国安全生产法》将生产安全事故调查处理原则简单规定为“实事求是、尊重科学”两项。2011 年 11 月 26 日颁布的《国务院关于坚持科学发展安全发展促进安全生产形势持续稳定好转的意见》提出，要严格按照“科学严谨、依法依规、实事求是、注重实效”的原则，认真调查处理每一起事故。这一原则是从多年事故救援、调查工作实践中总结出来的，符合事故调查的基本规律，因此，2014 年《中华人民共和国安全生产法》修订时，吸收了国务院文件中上述规定，将事故调查处理原则的法条修改为“事故调查处理应当按照科学严谨、依法依规、实事求是、注重实效的原则”。

（1）科学严谨原则。生产安全事故的发生往往具有非常复杂的原因，设备设施物料、技术工艺、管理程序都有可能成为事故的原因，因此生产安全事故的调查处理具有很强的科学性和技术性。在事故调查过程中，必须采取科学的方法，认真全面地收集各种证据材料，并对其进行严谨细致的分析，必要时还应该委托权威机构进行检验、检测、鉴定。

（2）依法依规原则。依法依规原则是指事故调查处理工作要严格遵守有关法律、法规的规定，从事故调查组人员的组成、事故调查程序、事故调查结论的处理、相关人员责任的追究等各个环节都应该严格遵守法律法规。因此，依法依规原则，也是另外三项原则落到实处的根本保障。

（3）实事求是原则。实事求是原则是指要根据客观存在的情况和证据，研究与事故发生有关的事实，分析事故发生的直接原因和间接原因。事故调查的每一项结论，都必须有科学依据，不得主观臆断，不得夸大事实或缩小事实，更不能弄虚作假。在提出处理意见时，也必须从实际出发，在确定事故原因的基础上厘清事故单位、监管部门以及相关人员应当承担的法律责任和政治责任，按照法律、法规和国家有关规定对事故责任人提出处理意见。

（4）注重实效原则。通过事故调查处理，追究事故单位，甚至在有关监管部门责任的基础上，让有关单位和人员吸取教训、受到教育、改正不足，并能够注重举一反三，全面加强安全生产工作。注重实效的具体表现便是“四不放过”，即事故原因未查清不放过、责任人员未处理不放过、整改措施未落实不放过、有关人员未受到教育不放过。

（二）事故调查处理的五项任务

2002 年颁布的《中华人民共和国安全生产法》规定了事故调查处理的四项任务，2014 年该法修订时未涉及事故调查处理的任务内容，但 2021 年修订时增加了“评估应急处置工作”，由四项任务变更为五项任务。

（1）及时、准确查清事故原因。查清事故原因是整个事故调查处理工作的起点。查清原因不仅是事故现场物的不安全状态或者人的不安全行为等直接原因，更要深究其背后管理上存在的缺陷这一间接原因。事故原因往往比较复杂，取证越晚，干扰因素越多，还原事故经过越难，因此“及时”查明事故原因的关键在于及时获取相关证据。在及时取得相关证据的基础上，要对证据进行全面细致的分析研究，必要时应当委托具有国家规定资质的单位进行技术鉴定，或者由事故调查组直接组织专家进行技术鉴定，然后依据分析结果或者鉴定结果，本着尊重科学、实事求是的态度对事故原因作出“准确”认定。

（2）查明事故性质和责任。事故性质分为责任事故和非责任事故。责任事故是指有关人员或单位违反法律、法规、标准、规章制度或操作规程等过错行为而导致的事故。一旦确认为责任事故，就应该进一步确定责任单位和责任人员的具体责任。非责任事故是指由于不可抗力因素或当前科学技术条件限制无法预防的事故。非责任事故通常被认为是在正常情况下难以预料或避免的事故，因此不涉及人为责任。

（3）评估应急处置工作。评估应急处置工作是指在生产安全事故发生后，对事故单位和有关部门采取的应急响应、救援处置、现场管理等措施进行全面、客观的分析和评价。2014 年，原国家安全生产监管总局出台了《生产安全事故应急处置评估暂行办法》，规定“国务院和县级以上地方各级人民政府成立或授权、委托成立的事故调查组，分级负责所调查事故的应急处置评估工作”。2019 年颁布的《生产安全事故应急条例》规定，“按照国家有关规定成立的生产安全事故调查组应当对应急救援工作进行评估，并在事故调查报告中作出评估结论”。2021 年《中华人民共和国安全生产法》修订时，将“评估应急处置工作”纳入事故调查处理的内容之一。应急处置得当，是有效控制事故发展，防止次生事故发生、减少人员伤亡和财产损失的关键，因此对某一起事故的总体调查，理应包括应急处置工作。

（4）总结事故教训，提出整改措施。生产安全事故的调查处理，除追究事故责任外，更为重要的则是发现安全生产管理工作的漏洞，从事故中总结教训，并提出整改措施，防止类似事故再次发生。

（5）对事故责任单位和人员提出处理建议。《中华人民共和国安全生产法》规定：“国家实行生产安全事故责任追究制度，依照本法和有关法律、法规的规定，追究生产安全事故责任单位和责任人员的法律责任。”因此，事故责任追究是安全生产工作的一项基本制度。虽然责任追究的权力机关并非事故调查组，但是事故调查组对事故的原因、性质和责任最为了解，并且调查组成员包括了行政机关、监察机关和司法机关的代表，因此由事故调查组提出处理建议最为恰当。事故调查组提出的处理建议并非仅包括法律责任，还包括政治责任，如对有关人员提出党内纪律处分的建议。

《中华人民共和国安全生产法》在规定了上述五项任务的同时，还专门规定了对行政部门责任追究的内容。对于责任事故，要求除了应当查明事故单位的责任并依法予以追究外，还应当查明对安全生产的有关事项负有审查批准和监督职责的行政部门的责任，对有失职、渎职行为的，追究法律责任。

（三）事故整改与监管

事故调查的任务之一便是“总结事故教训，提出整改措施”，事故发生单位则应当及时全面落实整改措施，负有安全生产监督管理职责的部门应当加强监督检查。负责事故调查处理的国务院有关部门和地方各级人民政府应当在批复事故调查报告后一年内，组织有关部门对事故整改和防范措施落实情况进行评估，并及时向社会公开评估结果；对不履行职责导致事故整改和防范措施没有落实的有关单位和人员，应当按照有关规定追究责任。

（四）伤亡人员的待遇落实

从应急管理理论来讲，事故的善后工作必然包括伤亡人员的待遇落实问题。虽然《中华人民共和国安全生产法》并未对“生产安全事故的应急救援与调查处理”进行规定，但该法第五十六条第二款规定：“因生产安全事故受到损害的从业人员，除依法享有工伤保险外，依照有关民事法律尚有获得赔偿的权利的，有权提出赔偿要求。”此规定确认了因生产安全事故受到损害的从业人员两项权利，一是享受工伤保险待遇，二是享有民事求偿权。关于工伤保险待遇如何落实，由《中华人民共和国社会保险法》和《中华人民共和国工伤保险条例》进行具体规定。至于民事赔偿，则适用《中华人民共和国民法典》侵权责任编的有关规定。需要注意的是《中华人民共和国安全生产法》规定的是民事“求偿”的权利，并不是确认每一位事故伤害人员都有“获得”民事赔偿的权利，究竟最终能否获得赔偿，需要依据有关民事法律确定。

第二节 《生产安全事故报告和调查处理条例》

虽然2002年颁布的《中华人民共和国安全生产法》专章规定了“生产安全事故的应急救援与调查处理”，对事故的报告和调查处理作出了原则性规定，但作为综合性、基础性立法，《中华人民共和国安全生产法》不可能将有关法律制度规定得具体详细，有待于专门立法进行细化，因此，2007年3月28日国务院第172次常务会议通过了《生产安全事故报告和调查处理条例》，自2007年6月1日起施行。正如法规名称所示，该条例内容主要涉及两项法律制度：事故报告制度和事故调查处理制度。除此之外，该条例还对2002年《中华人民共和国安全生产法》在法律责任方面的不足进行了补充，如规定了对事故责任单位和责任人员的行政处罚，但这些处罚条款已被2014年《中华人民共和国安全生产法》修订时吸收，并且2021年《中华人民共和国安全生产法》修订时加大了处罚力度，因此本条例关于事故单位和责任人员的处罚规定现已失去意义，本教材不做介绍。

一、生产安全事故报告制度

生产安全事故报告制度从报告范围、报告程序、报告内容等方面，厘清了“谁来报”“向谁报”“报什么”“怎么报”等关键问题。

（一）需要报告的事故范围

虽然2002年颁布施行的《中华人民共和国安全生产法》使用了“生产安全事故”概念，但并未对此概念进行界定，也未对事故等级进行划分。在安全生产管理的语境下，生产安全事故一般是指生产经营活动中发生的造成人身伤亡或者直接经济损失的事故；但是在《中华人民共和国安全生产法》的语境下，并非所有的造成人身伤亡或者直接经济损失的事故都应当报告。比如，轻伤害事故、直接经济损失较少的事故都无须报告。故《生产安全事故报告和调查处理条例》在规定具体报告制度前，首先对生产安全事故进行了等级划分。根据该条例，生产安全事故一般分为特别重大事故、重大事故、较大事故和一般事故四个等级，划分标准如下：

（1）特别重大事故，是指造成30人以上死亡，或者100人以上重伤（包括急性工业中毒，下同），或者1亿元以上直接经济损失的事故；

（2）重大事故，是指造成10人以上30人以下死亡，或者50人以上100人以下重伤，或者5000万元以上1亿元以下直接经济损失的事故；

（3）较大事故，是指造成3人以上10人以下死亡，或者10人以上50人以下重伤，或者1000万元以上5000万元以下直接经济损失的事故；

（4）一般事故，是指造成3人以下死亡，或者10人以下重伤，或者1000万元以下直接经济损失的事故。

上述规定中所称的“以上”包括本数，所称的“以下”不包括本数。在判定具体事故等级时，分别以死亡人数、重伤人数或者直接经济损失单独确定，然后按照“就高不就低”的原则，哪个级别高，就算哪个级别的事故。根据《生产安全事故报告和调查处理条例》规定，生产经营活动中发生的事故，至少要构成一般事故，才需要对政府报告，并非安全管理学上的所有事故都需要报告。

（二）生产安全事故的报告程序

生产安全事故的报告既包括事故单位的内部报告，也包括事故单位向政府职能部门的报告，还包括下级政府及其职能部门向上级政府及其职能部门的报告以及报告时限，即“谁来报”“向谁报”“怎么报”三个问题。根据《生产安全事故报告和调查处理条例》的规定，生产安全事故的报告程序如下。

第一，生产经营单位发生生产安全事故后，事故现场有关人员应当立即向本单位负责人报告；情况紧急时，事故现场有关人员可以直接向事故发生地县级以上人民政府应急管理部门和负有安全生产监督管理职责的有关部门报告。

第二，单位负责人接到事故报告后，应当于 1 小时内向事故发生地县级以上人民政府应急管理部门和负有安全生产监督管理职责的部门报告。所谓“县级以上人民政府”可包括多个级别，具体报告级别应当是根据分级监管原则确定的平时负责本单位安全生产监管的那一级政府。

第三，应急管理部门和负有安全生产监督管理职责的部门接到事故报告后，应当根据事故的等级上报事故情况。一般事故上报至设区的市级人民政府应急管理部门和负有安全生产监督管理职责的部门；较大事故逐级上报至省、自治区、直辖市人民政府应急管理部门和负有安全生产监督管理职责的部门；重大事故、特别重大事故逐级上报至国务院应急管理部门和负有安全生产监督管理职责的部门。逐级上报事故情况时，每级上报的时间不得超过 2 小时。必要时，应急管理部门和负有安全生产监督管理职责的部门可以越级上报事故情况。

第四，地方应急管理部门和负有安全生产监督管理职责的部门在上报事故情况的同时，还应当报告本级人民政府，并通知本级公安机关、劳动保障行政部门、工会和人民检察院。国务院应急管理部门和负有安全生产监督管理职责的部门以及省级人民政府接到发生特别重大事故、重大事故的报告后，应当立即报告国务院。

（三）事故报告内容

根据《生产安全事故报告和调查处理条例》的规定，事故报告应包括以下内容：①事故发生单位的名称、地址、性质、产能等基本情况；②事故发生的时间、地点以及事故现场情况；③事故的简要经过（包括应急救援情况）；④事故已经造成或者可能造成的伤亡人数（包括下落不明的人数、涉险人数）和初步估计的直接经济损失；⑤已经采取的措施；⑥其他应当报告的情况。

（四）事故情况的补报

《生产安全事故报告和调查处理条例》规定，事故报告后出现新情况的，应当及时补报；自事故发生之日起30日内，事故造成的伤亡人数发生变化的，应当及时补报；道路交通事故、火灾事故自发生之日起7日内，事故造成的伤亡人数发生变化的，应当及时补报。

（五）事故报告制度的立法疏漏及其补救

《生产安全事故报告和调查处理条例》规定的事故报告制度总体而言逻辑是清晰的，但也存在一些立法疏漏，给法律适用带来困惑，有待于条例修订时进行优化。在此之前，有关部门已经通过部门规章或者规范性文件作出了补充。

比如，上述事故等级划分标准规定直接经济损失1000万元以下的为一般事故，但是并未规定下限。是否仅造成1万元直接经济损失，无人员伤亡的事故也属于一般事故？需要上报政府吗？又如，根据上述规定，死亡1人、重伤9人、直接经济损失900万元的事故应该判定为一般事故；而重伤10人，无人员死亡，直接经济损失20万元的事故却应当判定为较大事故。两起事故相比较，前者一般事故造成的事故后果明显高于后者较大事故，暴露出上述事故等级划分标准的不严密。为了弥补上述立法的不足，有些行业通过规范性文件的形式，对该标准进行了补充规定。2023年国家矿山安全监察局印发的《矿山生产安全事故报告和调查处理办法》规定："一般事故，是指造成3人以下死亡，或者10人以下重伤，或者100万元以上1000万元以下直接经济损失的事故。"这一规定明确了直接经济损失的下限，仅仅造成不足100万元直接经济损失且无人员伤亡的生产安全事故，便无须向政府报告。另外，该办法还规定："事故等级认定按照死亡人数、重伤人数、直接经济损失三者中最高级别确定。以重伤人数确定事故等级的，应当同时统计重伤人数和死亡人数。"这一规定解决了实际损害后果严重程度与事故等级划分不匹配的问题。当然《矿山生产安全事故报告和调查处理办法》仅适用于矿山生产安全事故，其他行业如何解决上述问题，还有待有关立法或者规范性文件加以明确。

再如，虽然根据《生产安全事故报告和调查处理条例》，要求报告的事故范围至少构成了"一般事故"，但是当事故尚未发生，有多人涉险的情况下，如果生产经营单位能够及时向政府职能部门报告，显然更有利于组织力量开展救助或者其他组织协调工作，防止涉险事故恶化为实际事故。因此，应急管理部部门规章《生产安全事故信息报告和处置办法》规定，生产经营单位除了应当将已经发生的四个等级的事故报告外，对于较大涉险事故也应当报告。较大涉险事故具体包括：①涉险

10 人以上的事故；②造成 3 人以上被困或者下落不明的事故；③紧急疏散人员 500 人以上的事故；④因生产安全事故对环境造成严重污染（人员密集场所、生活水源、农田、河流、水库、湖泊等）的事故；⑤危及重要场所和设施安全（电站、重要水利设施、危化品库、油气站和车站、码头、港口、机场及其他人员密集场所等）的事故；⑥其他较大涉险事故。

二、生产安全事故的调查处理

生产安全事故的调查处理是生产安全事故应急管理工作的重要组成部分，它不仅是为了对事故进行处理和责任追究，更是为了从事故中吸取教训，督促事故发生单位完善安全管理体系，解决安全生产问题，防止再次发生生产安全事故。《生产安全事故报告和调查处理条例》在《中华人民共和国安全生产法》原则规定的基础上，对生产安全事故调查的管辖、事故调查组的组成及其职责职权、调查报告的形成和事故整改都作出了相应的规定。虽然条例也规定了事故调查处理的原则，但作为其上位法的《中华人民共和国安全生产法》2014 年已对事故调查原则进行了补充更新，因此本章不再介绍事故调查处理的原则。

根据事故等级的不同，《生产安全事故报告和调查处理条例》规定了不同级别政府的管辖权力。特别重大事故由国务院或者国务院授权有关部门组织事故调查组进行调查。重大事故、较大事故、一般事故分别由事故发生地省级人民政府、设区的市级人民政府、县级人民政府负责调查。省级人民政府、设区的市级人民政府、县级人民政府可以直接组织事故调查组进行调查，也可以授权或者委托有关部门组织事故调查组进行调查。未造成人员伤亡的一般事故，县级人民政府也可以委托事故发生单位组织事故调查组进行调查。上级人民政府认为必要时，可以调查由下级人民政府负责调查的事故。自事故发生之日起 30 日内（道路交通事故、火灾事故自发生之日起 7 日内），因事故伤亡人数变化导致事故等级发生变化，依照规定应当由上级人民政府负责调查的，上级人民政府可以另行组织事故调查组进行调查。特别重大事故以下等级事故，事故发生地与事故发生单位不在同一个县级以上行政区域的，由事故发生地人民政府负责调查，事故发生单位所在地人民政府应当派人参加。

上述规定只是事故调查管辖的一般性规定，对于煤矿生产安全事故，实际承担事故调查的政府级别和具体部门会有所不同。《煤矿安全生产条例》规定，特别重大事故由国务院或者国务院授权有关部门组织调查处理，重大事故、较大事故、一般事故由国家矿山安全监察机构及其设在地方的矿山安全监察机构组织调查处理。

三、事故调查组的组成及其职责、职权

《生产安全事故报告和调查处理条例》规定，事故调查组的组成应当遵循精简、效能的原则。根据事故的具体情况，事故调查组由有关人民政府、应急管理部门、负有安全生产监督管理职责的有关部门、监察机关、公安机关以及工会派人组成，并应当邀请人民检察院派人参加，另外，事故调查组还可以聘请有关专家参与调查。事故调查组成员应当具有事故调查所需要的知识和专长，并与所调查的事故没有直接利害关系。事故调查组组长由负责事故调查的人民政府指定。事故调查组组长主持事故调查组的工作。

2007 年颁布的《生产安全事故报告和调查处理条例》规定了事故调查组的五项职责：①查明事故发生的经过、原因、人员伤亡情况及直接经济损失；②认定事故的性质和事故责任；③提出对事故责任者的处理建议；④总结事故教训，提出防范和整改措施；⑤提交事故调查报告。另外，事故调查中发现涉嫌犯罪的，事故调查组还应当及时将有关材料或者其复印件移交司法机关处理。但 2019 年颁布的《生产安全事故应急条例》和 2021 年修订后的《中华人民共和国安全生产法》增加规定了一项新的职责，即事故调查组还应当“评估应急处置工作”。

为了保证上述职责的履行，《生产安全事故应急条例》规定了事故调查组的职权和履职义务。事故调查组有权向有关单位和个人了解与事故有关的情况，并要求其提供相关文件、资料，有关单位和个人不得拒绝。事故调查组成员在事故调查工作中应当诚信公正、恪尽职守，遵守事故调查组的纪律，保守事故调查的秘密。未经事故调查组组长允许，事故调查组成员不得擅自发布有关事故的信息。

四、事故调查报告

事故调查报告是指在生产安全事故调查过程中，由事故调查组根据事故调查结果形成的书面文件。事故调查报告是事故调查提交的核心文件，也是事故后续处理的主要依据。事故报告法律制度包括事故调查报告的提交时限、报告的主要内容、报告的批复和法律效力等方面。

（一）事故调查报告的提交时限

《生产安全事故报告和调查处理条例》规定了事故调查报告提交的时间限制，要求“事故调查组应当自事故发生之日起60日内提交事故调查报告；特殊情况下，经负责事故调查的人民政府批准，提交事故调查报告的期限可以适当延长，但延长的期限最长不超过60日”。当然，“技术鉴定所需时间不计入事故调查期限”。需要注意的是，时限的起算时间点是“事故发生之日”，而非调查组成立之日。这一规定要求有管辖权的人民政府应当在事故发生后尽快成立调查组展开事故调查工作。

（二）事故调查报告的主要内容

根据《生产安全事故报告和调查处理条例》有关规定，事故调查报告应当包括下列内容：①事故发生单位概况；②事故发生经过和事故救援情况；③事故造成的人员伤亡和直接经济损失；④事故发生的原因和事故性质；⑤事故责任的认定以及对事故责任者的处理建议；⑥事故防范和整改措施。另外，事故调查报告应当附具有关证据材料。事故调查组成员应当在事故调查报告上签名。

（三）事故调查报告的批复

事故调查组是由有关人民政府组建的专门负责某一具体生产安全事故调查的临时性专业小组，对事故展开调查、撰写事故调查报告等应视为接受政府委托所为的行为，调查报告的观点，对外即代表政府的观点，因此，调查组提交报告后，由组成事故调查组的相关人民政府对报告内容进行审查，而后批复。《生产安全事故报告和调查处理条例》规定：重大事故、较大事故、一般事故，负责事故调查的人民政府应当自收到事故调查报告之日起15日内作出批复；特别重大事故，30日内作出批复，特殊情况下，批复时间可以适当延长，但延长的时间最长不超过30日。

（四）事故调查报告法律效力

《生产安全事故报告和调查处理条例》虽然未提及事故调查报告的法律效力问题，但规定有关机关应当按照人民政府的批复对相关责任单位和责任人员追究法律责任，事故单位也应依据批复的报告对单位内部人员进行处理。因此，经过组成调查组的相关人民政府批复后的调查报告对外便具有了法律效力。

另外，关于有关人民政府对事故调查报告的批复行为是否属于行政诉讼法上的可诉行为，司法实践中虽然存在争议，但根据最高人民法院行政裁定书（2018）最高法行再127号，本教材认为可概括出如下观点：通常而言，上级行政机关基于下级行政机关的请示所作批复在性质上属于上下级行政机关之间的内部行为，并不直接对外产生法律效果，不属于可诉的行政行为范畴。但判断上级行政机关所作批复是否可诉，根本上取决于其是否直接对公民、法人或其他组织权利义务产生实际影响。从《生产安全事故报告和调查处理条例》有关规定来看，有关人民政府对事故调查报告的批复，虽从形式上看是上级行政机关对下级行政机关所作，但其认定了事故责任，且这种认定具有公定力和约束力，对公民、法人或其他组织的权益可能产生不利影响，故根据《生产安全事故报告和调查处理条例》有关规定所作批复具有可诉性。

五、事故的处理及整改

《生产安全事故报告和调查处理条例》规定："有关机关应当按照人民政府的批复，依照法律、行政法规规定的权限和程序，对事故发生单位和有关人员进行行政处罚，对负有事故责任的国家工作人员进行处分。事故发生单位应当按照负责事故调查的人民政府的批复，对本单位负有事故责任的人员进行处理。"虽然事故调查报告包含了对事故责任单位和人员处理建议，但具体行政部门在对事故发生单位和有关人员进行行政处罚时还必须履行《中华人民共和国行政处罚法》规定的相关程序；监察机关在对负有事故责任的国家工作人员进行处分，也必须遵守《中华人民共和国监察法》《中华人民共和国公务员法》《行政机关公务员处分条例》等法律法规规定的权限和程序；司法机关对有关责任人员追究刑事责任时，则必须严格遵守《中华人民共和国刑法》和《中华人民共和国刑事诉讼法》的有关规定。另外，《生产安全事故报告和调查处理条例》还规定了事故调查处理的公开制度，要求"事故处理的情况由负责事故调查的人民政府或者其授权的有关部门、机构向社会公布，依法应当保密的除外"。

《生产安全事故报告和调查处理条例》对事故整改规定较为简单，仅要求"事故发生单位应当认真吸取事故教训，落实防范和整改措施，防止事故再次发生。防范和整改措施的落实情况应当接受工会和职工的监督"。同时要求"安全生产监督管理部门和负有安全生产监督管理职责的有关部门应当对事故发生单位落实防范和整改措施的情况进行监督检查"。

第三节 《生产安全事故应急条例》

《生产安全事故应急条例》于2018年12月5日由国务院第33次常务会议通过，自2019年4月1日起施行。该条例本应该是一部对生产安全事故应急救援工作进行全面规定的行政法规，但鉴于2007年国务院已经颁布了《生产安全事故报告和调查处理条例》，因此该条例便对事故报告和调查处理的内容进行简化，而主要规定了应急救援体制、应急准备制度和应急救援等相关内容。

一、生产安全事故应急救援体制

《生产安全事故应急条例》确定了政府系统的“统一领导、分级负责，部门分工、应急协调”的应急救援体制。所谓统一领导、分级负责，是指“国务院统一领导全国的生产安全事故应急工作，县级以上地方人民政府统一领导本行政区域内的生产安全事故应急工作。生产安全事故应急工作涉及两个以上行政区域的，由有关行政区域共同的上一级人民政府负责，或者由各有关行政区域的上一级人民政府共同负责”。所谓部门分工、应急协调，是指“县级以上人民政府应急管理部门和其他对有关行业、领域的安全生产工作实施监督管理的部门在各自职责范围内，做好有关行业、领域的生产安全事故应急工作。县级以上人民政府应急管理部门指导、协调本级人民政府其他负有安全生产监督管理职责的部门和下级人民政府的生产安全事故应急工作”。同时，本条例还规定“乡、镇人民政府以及街道办事处等地方人民政府派出机关应当协助上级人民政府有关部门依法履行生产安全事故应急工作职责”。

对于生产经营单位内部，有关立法规定由生产经营单位的应急预案确定其应急救援体制，《生产安全事故应急条例》进一步规定生产经营单位主要负责人对本单位的生产安全事故应急工作全面负责，同时要求生产经营单位应当加强生产安全事故应急工作，通过建立、健全生产安全事故应急工作责任制，来确定单位内部各部门和各岗位人员的应急管理职责。

二、应急准备制度

生产安全事故应急准备是指针对可能发生的生产事故，为迅速、科学、有序地开展应急救援行动而预先进行的方案准备、组织准备和物资准备。在法律上主要表现为应急预案制度、应急救援队伍建设和应急救援装备与物资保障，除此之外，《生产安全事故应急条例》还规定了应急值班制度。

（一）应急预案制度

应急预案制度包括应急预案的制定主体、应急预案的制定程序、应急预案的内容、应急预案的备案、应急预案的演练和应急预案的修订完善等内容。

（1）应急预案的制定主体。应急预案的制定主体包括政府和生产经营单位。《生产安全事故应急条例》规定，县级以上人民政府及其负有安全生产监督管理职责的部门和乡、镇人民政府以及街道办事处等地方人民政府派出机关，应当针对可能发生的生产安全事故的特点和危害，制定相应的生产安全事故应急救援预案。生产经营单位应当针对本单位可能发生的生产安全事故的特点和危害，制定相应的生产安全事故应急救援预案。

（2）应急预案的制定程序。从应急管理学的角度来看，应急预案的制定程序通常包括成立应急预案编制工作小组，事故风险辨识、评估和应急资源调查，应急预案起草，应急预案评审或论证，应急预案的签署公布等步骤，但是《生产安全事故应急条例》仅规定了其中最为重要的三个步骤，风险辨识和评估、预案编制和预案的公布，要求政府预案主体针对本地区可能发生的生产安全事故的特点和危害，进行风险辨识和评估，制定相应的生产安全事故应急救援预案，并依法向社会公布。要求生产经营单位应当针对本单位可能发生的生产安全事故的特点和危害，进行风险辨识和评估，制定相应的生产安全事故应急救援预案，并向本单位从业人员公布。预案编制过程中更加细致的规则应遵守《生产安全事故应急预案管理办法》的有关规定，同时可参照《生产经营单位生产安全事故应急预案编制导则》（GB/T 29639—2020）执行。

（3）应急预案的内容。不同层级、不同类型的生产安全事故应急预案的内容各不相同，《生产安全事故应急条例》仅简单规定生产安全事故应急救援预案应当符合有关法律、法规、规章和标准的规定，具有科学性、针对性和可操作性，明确规定应急组织体系、职责分工以及应急救援程序和措施。

（4）应急预案的备案。需要备案的应急预案包括政府预案和高危行业生产经营单位的预案。《生产安全事故应急条例》规定：县级以上人民政府负有安全生产监督管理职责的部门应当将其制定的生产安全事故应急救援预案报送本级人民政府备案；易燃易爆物品、危险化学品等危险物品的生产、经营、储存、运输单位，矿山、金属冶炼、城市轨道交通运营、建筑施工单位，以及宾馆、商场、娱乐场所、旅游景区等人员密集场所经营单位，应当将其制定的生产安全事故应急救援预案按照国家有关规定报送县级以上人民政府负有安全生产监督管理职责的部门备案，并依法向社会公布。

（5）应急预案的演练。应急预案的演练是针对可能发生的事故情境，依据应急预案而模拟开展的应急活动，是检验预案合理性与实用性、锻炼应急救援队伍能力、促进宣传教育、发现预案问题的重要手段。《生产安全事故应急条例》规定县级以上地方各级人民政府以及县级以上人民政府负有安全生产监督管理职责的部门，乡、镇人民政府以及街道办事处等地方人民政府派出机关，应当至少每 2 年组织 1 次生产安全事故应急救援预案演练。易燃易爆物品、危险化学品等危险物品的生产、经营、储存、运输单位，矿山、金属冶炼、城市轨道交通运营、建筑施工单位，以及宾馆、商场、娱乐场所、旅游景区等人员密集场所经营单位，应当至少每半年组织 1 次生产安全事故应急救援预案演练，并将演练情况报送所在地县级以上地方人民政府负有安全生产监督管理职责的部门。县级以上地方人民政府负有安全生产监督管理职责的部门应当对本行政区域重点生产经营单位的生产安全事故应急救援预案演练进行抽查；发现演练不符合要求的，应当责令限期改正。

（6）应急预案的修订完善。《生产安全事故应急条例》规定，有下列情形之一的，生产安全事故应急救援预案制定单位应当及时修订相关预案：①制定预案所依据的法律、法规、规章、标准发生重大变化；②应急指挥机构及其职责发生调整；③安全生产面临的风险发生重大变化；④重要应急资源发生重大变化；⑤在预案演练或者应急救援中发现需要修订预案的重大问题；⑥其他应当修订的情形。

（二）应急救援队伍建设

应急救援队伍是应对生产安全事故的关键力量，是《生产安全事故应急条例》重要的制度内容。

（1）政府的应急救援队伍。《生产安全事故应急条例》在《中华人民共和国安全生产法》规定“国家加强生产安全事故应急能力建设，在重点行业、领域建立应急救援基地和应急救援队伍”的基础上，要求“县级以上人民政府负有安全生产监督管理职责的部门根据生产安全事故应急工作的实际需要，在重点行业、领域单独建立或者依托有条件的生产经营单位、社会组织共同建立应急救援队伍”。

（2）生产经营单位的应急救援队伍。与《中华人民共和国安全生产法》一样，《生产安全事故应急条例》规定高危行业的企业均应配备自己的应急救援力量，但高危行业企业的范围有所扩展。本条例规定：易燃易爆物品、危险化学品等危险物品的生产、经营、储存、运输单位，矿山、金属冶炼、城市轨道交通运营、建筑施工单位，以及宾馆、商场、娱乐场所、旅游景区等人员密集场所经营单位，应当建立应急救援队伍；其中，小型企业或者微型企业等规模较小的生产经营单位，可以不建立应急救援队伍，但应当指定兼职的应急救援人员，并且可以与邻近的应急救援队伍签订应急救援协议。工业园区、开发区等产业聚集区域内的生产经营单位，可以联合建立应急救援队伍。

（3）社会化的应急救援队伍。国家鼓励和支持生产经营单位和其他社会力量建立提供社会化应急救援服务的应急救援队伍。

（4）应急救援人员的素质要求。应急救援人员担负着危险时刻的应急救援工作，需要比一般从业人员具备更高的自身素质。《生产安全事故应急条例》规定，应急救援队伍的应急救援人员应当具备必要的专业知识、技能、身体素质和心理素质。应急救援队伍建立单位或者兼职应急救援人员所在单位应当按照国家有关规定对应急救援人员进行培训；应急救援人员经培训合格后，方可参加应急救援工作。

（5）政府对应急救援队伍建设的组织和指导。《生产安全事故应急条例》规定，县级以上人民政府应当加强对生产安全事故应急救援队伍建设的统一规划、组织和指导。生产经营单位应当及时将本单位应急救援队伍建立情况按照国家有关规定报送县级以上人民政府负有安全生产监督管理职责的部门，并依法向社会公布。县级以上人民政府负有安全生产监督管理职责的部门应当定期将本行业、本领域的应急救援队伍建立情况报送本级人民政府，并依法向社会公布。

（三）应急装备与物资保障

俗话说“巧妇难为无米之炊”！应急救援属于高度危险的作业，必须高度依靠专业救援装备和必要的救援物资。《生产安全事故应急条例》规定，政府、企业和应急救援队伍都应当配备必要的应急救援装备和物资，县级以上地方人民政府应当根据本行政区域内可能发生的生产安全事故的特点和危害，储备必要的应急救援装备和物资，并及时更新和补充。易燃易爆物品、危险化学品等危险物品的生产、经营、储存、运输单位，矿山、金属冶炼、城市轨道交通运营、建筑施工单位，以及宾馆、商场、娱乐场所、旅游景区等人员密集场所经营单位，应当根据本单位可能发生的生产安全事故的特点和危害，配备必要的灭火、排水、通风以及危险物品稀释、掩埋、收集等应急救援器材、设备和物资，并进行经常性维护、保养，保证正常运转。应急救援队伍应当配备必要的应急救援装备和物资，并定期组织训练。

（四）应急值班制度

为了第一时间获取事故信息，《生产安全事故应急条例》规定下列单位应当建立应急值班制度，配备应急值班人员：①县级以上人民政府及其负有安全生产监督管理职责的部门；②危险物品的生产、经营、储存、运输单位，以及矿山、金属冶炼、城市轨道交通运营、建筑施工单位；③ 应急救援队伍。规模较大、危险性较高的易燃易爆物品、危险化学品等危险物品的生产、经营、储存、运输单位应当成立应急处置技术组，实行24小时应急值班制度。

三、应急救援制度

发生事故后能够及时实施救援，才是生产安全事故应急管理的核心内容。应急救援工作牵涉三大主体，一是事故发生单位，二是政府，三是社会力量。

（一）事故发生单位的应急救援义务

事故发生单位处在事故的第一现场，是实施事故救援最快捷的主体。事故现场管理人员应该第一时间组织工人开展自救互救，并向本单位负责人报告。《生产安全事故应急条例》规定，生产经营单位发生生产安全事故后，应当立即启动生产安全事故应急救援预案，并根据现场状况，决定采取下列一项或者多项应急救援措施：①迅速控制危险源，组织抢救遇险人员；②根据事故危害程度，组织现场人员撤离或者采取可能的应急措施后撤离；③及时通知可能受到事故影响的单位和人员；④采取必要措施，防止事故危害扩大和次生、衍生灾害发生；⑤根据需要请求邻近的应急救援队伍参加救援，并向参加救援的应急救援队伍提供相关技术资料、信息和处置方法；⑥维护事故现场秩序，保护事故现场和相关证据；⑦法律、法规规定的其他应急救援措施。

（二）政府的生产安全事故救援职责

政府具有广泛调动应急救援资源、组织协调和指挥各路救援力量的权力，接到事故报告后，应迅速采取行动，组织应急救援。《生产安全事故应急条例》规定，有关地方人民政府及其部门接到生产安全事故报告后，应当启动相应的生产安全事故应急救援预案，并按照应急救援预案的规定采取下列一项或者多项应急救援措施：①组织抢救遇险人员，救治受伤人员，研判事故发展趋势以及可能造成的危害；②通知可能受到事故影响的单位和人员，隔离事故现场，划定警戒区域，疏散受到威胁的人员，实施交通管制；③采取必要措施，防止事故危害扩大和次生、衍生灾害发生，避免或者减少事故对环境造成的危害；④依法发布调用和征用应急资源的决定；⑤依法向应急救援队伍下达救援命令；⑥维护事故现场秩序，组织安抚遇险人员和遇险遇难人员亲属；⑦依法发布有关事故情况和应急救援工作的信息；⑧法律、法规规定的其他应急救援措施。有关地方人民政府不能有效控制生产安全事故的，应当及时向上级人民政府报告。上级人民政府应当及时采取措施，统一指挥应急救援。

《生产安全事故应急条例》还规定，发生生产安全事故后，有关人民政府认为有必要的，可以设立由本级人民政府及其有关部门负责人、应急救援专家、应急救援队伍负责人、事故发生单位负责人等人员组成的应急救援现场指挥部，并指定现场指挥部总指挥。现场指挥部实行总指挥负责制，按照本级人民政府的授权组织制定并实施生产安全事故现场应急救援方案，协调、指挥有关单位和个人参加现场应急救援。在生产安全事故应急救援过程中，当发现可能直接危及应急救援人员生命安全的紧急情况时，现场指挥部或者统一指挥应急救援的人民政府应当立即采取相应措施消除隐患，降低或者化解风险，必要时可以暂时撤离应急救援人员。生产安全事故发生地人民政府应当为应急救援人员提供必需的后勤保障，并组织通信、交通运输、医疗卫生、气象、水文、地质、电力、供水等单位协助应急救援。

（三）社会力量的生产安全事故救援义务

法律的核心内容是建立起相关主体的权利义务体系。根据具体情况的不同，相关主体的权利义务有的是明晰的，有的则是比较模糊的。社会力量在生产经营单位事故救援过程中的义务总体是模糊的。虽然《中华人民共和国安全生产法》规定任何单位和个人都应当支持、配合事故抢救，并提供一切便利条件，但并不以追究法律责任为保障后盾，因此这种支持和配合更像是道义上的义务。

社会力量参与生产安全事故救援最为重要的主体为社会性的专业救援队伍，国家鼓励和支持社会力量建立应急救援队伍，提供社会化应急救援服务。但是专业化的社会救援队伍是否有义务参与具体某一次生产安全事故的救援，并非来源于法律法规的规定，而是来源于合同的约定，即如果某一社会化应急救援队伍与某生产经营单位签有救援协议，当生产经营单位发生事故，请求救援队伍开展救援时，则社会化应急救援队伍应当履行约定义务。《生产安全事故应急条例》规定，应急救援队伍接到签有应急救援协议的生产经营单位的救援请求后，应当立即参加生产安全事故应急救援。

社会力量无论是志愿参与生产安全事故的应急救援，还是依照约定义务参与事故的救援，在应急救援的过程中，都有义务服从现场总指挥的统一指挥和安排。

（四）应急救援善后

生产安全事故的应急工作属于非常态工作，法律允许在特殊的救援过程中，政府权力适当扩张，公民权利受到合理的限制，但一旦紧急情况消失，应立即恢复常态。《生产安全事故应急条例》规定，生产安全事故的威胁和危害得到控制或者消除后，有关人民政府应当决定停止执行依法采取的全部或者部分应急救援措施。有关人民政府及其部门根据生产安全事故应急救援需要依法调用和征用的财产，在使用完毕或者应急救援结束后，应当及时归还。财产被调用、征用或者调用、征用后毁损、灭失的，有关人民政府及其部门应当按照国家有关规定给予补偿。

另外，应急救援善后工作还包括救援过程中伤亡人员的救治和抚恤。《生产安全事故应急条例》规定：县级以上地方人民政府应当按照国家有关规定，对在生产安全事故应急救援中伤亡的人员及时给予救治和抚恤；符合烈士评定条件的，按照国家有关规定评定为烈士。

复习与思考

一、单项选择题

1. 我国生产安全事故应急管理的核心法律是（　　）。

A.《生产安全事故应急条例》

B.《中华人民共和国安全生产法》

C.《生产安全事故报告和调查处理条例》

D.《中华人民共和国突发事件应对法》

2. 生产安全事故应急管理的“四不放过”原则不包括（　　）。

A. 事故原因未查清不放过　　B. 责任人员未处理不放过

C. 赔偿未到位不放过　　D. 整改措施未落实不放过

3. 特别重大事故的判定标准是（　　）。

A. 30 人以上死亡　　B. 10 人以上重伤

C. 5000 万元以上直接经济损失　　D. 涉险 10 人以上

4. 生产安全事故报告的时限要求是（　　）。

A. 事故发生后 2 小时内　　B. 单位负责人接到报告后 1 小时内

C. 政府部门接到报告后 2 小时内　　D. 事故调查组组建后 60 日内

5. 高危行业企业必须建立应急救援组织的范围不包括（　　）。

A. 矿山企业　　B. 金属冶炼企业

C. 建筑施工单位　　D. 小型超市

6. 生产安全事故应急演练的频率要求是（　　）。

A. 每季度一次　　B. 每半年一次（高危行业）

C. 每年一次　　D. 每两年一次（政府部门）

7. 事故调查报告的提交时限是（　　）。

A. 事故发生后 30 日内　　B. 事故发生后 60 日内

C. 事故调查组组建后 60 日内　　D. 事故处理结束后 30 日内

8. 应急救援现场指挥部的总指挥由（　　）指定。

A. 应急管理部门负责人　　B. 事故发生单位负责人

C. 负责事故调查的人民政府　　D. 上级应急救援机构

9. 生产安全事故应急条例规定的应急值班制度适用于（　　）。

A. 所有生产经营单位　　B. 高危行业企业和政府部门

C. 规模以上企业　　D. 应急救援队伍

10. 事故整改评估的期限是（　　）。

A. 批复后 1 年内　　B. 事故发生后 1 年内

C. 调查结束后 6 个月内　　D. 应急响应结束后 3 个月内

二、多项选择题

1. 生产安全事故应急准备包括（　　）。

A. 应急预案制定　　B. 应急队伍建设

C. 应急物资储备　　D. 应急演练

2. 事故调查处理的五项任务包括（　　）。

A. 评估应急处置工作　　B. 提出整改措施

C. 追究刑事责任　　D. 认定事故性质

3. 生产安全事故报告的内容包括（　　）。

A. 事故发生时间、地点　　B. 初步估计的直接经济损失

C. 已经采取的措施　　D. 事故责任人处理结果

4. 应急预案的修订情形包括（　　）。

A. 法律标准变化　　B. 应急资源重大变化

C. 演练发现重大问题　　D. 企业负责人变更

5. 生产安全事故应急救援的主体包括（　　）。

A. 事故发生单位　　B. 政府及其部门

C. 社会救援力量　　D. 保险公司

三、简答题

1. 简述生产安全事故应急管理的四大原则。

2. 简述生产安全事故等级划分标准。

3. 简述生产经营单位的应急准备义务。

4. 简述事故调查报告的核心内容。

5. 简述《生产安全事故应急条例》对应急值班制度的规定。

第四章

自然灾害防治法律法规

学习目标

知识目标	（1）掌握自然灾害防治法律法规的基本法律框架，理解立法目的、适用范围及核心条款。 （2）熟悉各级政府、主管部门及相关单位在灾害预防、应急处置和灾后重建中的职责划分。 （3）熟悉违反相关法律法规承担的法律责任。
技能目标	（1）能够根据法规要求对洪水、地震、气象灾害和地质灾害进行风险识别，具备灾害风险评估能力。 （2）能够依据法规要求编制灾害应急预案，明确应急响应流程和资源配置。 （3）能够进行自然灾害防治宣传。
职业道德和素养目标	强化公共安全责任意识，始终以保障人民生命财产安全为核心，严格遵守法律法规和岗位职责。践行服务群众理念，主动普及防灾减灾知识，提升公众自救互救能力，增强社会防灾意识。

知识图谱

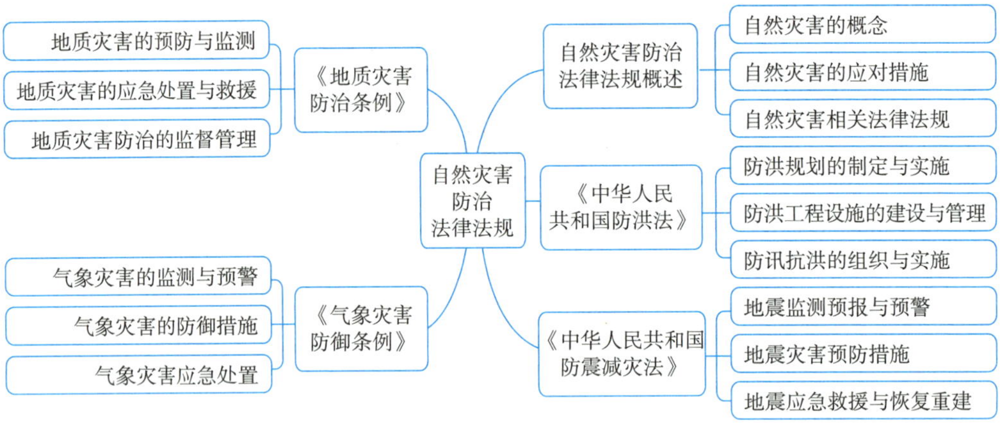

第一节 自然灾害防治法律法规概述

一、自然灾害的概念

自然灾害是指由自然因素造成人类生命、财产、社会功能和生态环境等损害的事件或现象，包括干旱、洪涝、台风、冰雹、沙尘暴等气象水文灾害，地震、火山、崩塌、滑坡、泥石流等地质地震灾害，海啸、赤潮等海洋灾害，鼠害、草害等生物灾害，盐渍化、沙漠化等生态环境灾害，共五大类。

我国是世界上自然灾害影响严重的国家之一，灾害种类多，分布地域广，发生频率高，造成损失重，这是一个基本国情。提高自然灾害防治能力是实现“两个一百年”奋斗目标，实现中华民族伟大复兴中国梦的必然要求，是关系人民群众生命财产安全和国家安全的大事，也是对我们党执政能力的重大考验。

2008 年 5 月 12 日，四川省汶川县发生里氏 8.0 级特大地震，这场大地震给全国人民带来了巨大的心理压力和难以愈合的心灵创伤。灾害发生后，全国人民在党中央国务院的领导下，众志成城抗震救灾，表现出了前所未有的团结与坚强。为进一步增强全民防灾减灾意识，推动提高防灾减灾救灾工作水平，经国务院批准，从 2009 年开始，每年的 5 月 12 日定为“全国防灾减灾日”。

二、自然灾害的应对措施

习近平总书记一直高度重视防灾减灾抗灾救灾工作。党的十八大以来，以习近平同志为核心的党中央始终坚持以人民为中心的发展理念，在总结历史经验基础上，着眼中国特色防灾减灾救灾工作新实践，强调要坚持以防为主、防抗救相结合，坚持常态减灾和非常态救灾相统一，努力实现从注重灾后救助向注重灾前预防转变，从应对单一灾种向综合减灾转变，从减少灾害损失向减轻灾害风险转变，全面提升全社会抵御自然灾害的综合防范能力。这是新时期我国防灾减灾救灾理论和实践的升华，是做好新时代防灾减灾工作的行动指南。

国计民生要建立高效科学的自然灾害防治体系，提高全社会自然灾害防治能力，为保护人民群众生命财产安全和国家安全提供有力保障。自然灾害法律法规是我国应对自然灾害、保障人民群众生命财产安全的重要法律依据。我们要强化法治保障，根据形势发展，加强综合立法研究，继续完善自然灾害法律规定，提高法律法规的执行力和实效性，为应对自然灾害提供有力保障。

1. 完善法律法规体系

应加强自然灾害法律法规的制定和完善，以提高法律体系的科学性、系统性和可操作性。

2. 加强防灾减灾基础设施建设

加大对防灾减灾基础设施建设的投入，提高抗灾能力，降低灾害损失。

3. 提高公众防灾减灾意识

通过多种渠道，广泛开展防灾减灾宣传教育，提高公众防灾减灾意识和自救互救能力。

4. 加强应急救援队伍建设

应加强应急救援队伍的建设和管理，以提高应急救援能力。

5. 优化灾害救助体系

优化灾害救助体系，确保受灾群众得到及时、有效的救助。

三、自然灾害相关法律法规

（一）自然灾害的法律法规体系

我国自然灾害法律法规体系主要包括以下几个方面。

1. 宪法层面

宪法是国家的根本法，其中涉及自然灾害的规定主要集中在国家机构的职责和公民的基本权利义务等方面。

2. 法律层面

涉及自然灾害的法律主要包括《中华人民共和国突发事件应对法》《中华人民共和国防洪法》《中华人民共和国防震减灾法》等。

3. 行政法规层面

涉及自然灾害的行政法规主要包括《自然灾害救助条例》《破坏性地震应急条例》等。

4. 部门规章和规范性文件

涉及自然灾害的部门规章和规范性文件较多，如《中央应急抢险救灾物资储备管理暂行办法》《因灾倒塌、损坏住房恢复重建救助工作规范》等。

（二）自然灾害预防法律制度

1. 预防规划与布局

《中华人民共和国突发事件应对法》规定，国务院和县级以上地方各级人民政府应当根据本行政区域内的自然灾害情况，组织编制突发事件应急预案，明确突发事件的应对措施和应急组织机构。

2. 防灾减灾基础设施建设

《中华人民共和国防洪法》规定，国家加强防洪工程建设，提高防洪标准，确保防洪安全。《中华人民共和国防震减灾法》规定，国家加强防震减灾基础设施建设，提高防震减灾能力。

3. 风险评估与预警

《中华人民共和国突发事件应对法》规定，国务院和县级以上地方各级人民政府应当组织有关部门和单位，对可能发生的自然灾害进行风险评估，制定相应的应急预案。

（三）自然灾害应急响应法律制度

1. 应急组织机构

《中华人民共和国突发事件应对法》规定，国务院设立国家应急委员会，负责全国突发事件的应对工作。县级以上地方各级人民政府设立相应的应急委员会，负责本行政区域的突发事件应对工作。

2. 应急响应措施

《中华人民共和国突发事件应对法》规定，应急响应措施包括启动应急预案、组织应急救援、实施救援救助、维护社会秩序等。

3. 应急物资储备与调配

《自然灾害救助条例》规定，国家建立健全自然灾害应急物资储备体系，确保应急物资的供应。

（四）自然灾害救援救助法律制度

1. 救援力量

《中华人民共和国突发事件应对法》规定，应急救援力量包括消防、公安、卫生、交通运输、通信等相关部门和单位。

2. 救援救助措施

《自然灾害救助条例》规定，救援救助措施包括紧急转移安置、生活救助、医疗救助、教育救助等。

3. 救援救助资金

《自然灾害救助条例》规定，国家设立自然灾害救助基金，用于支持自然灾害救援救助工作。

（五）自然灾害恢复重建法律制度

1. 恢复重建规划

《中华人民共和国防震减灾法》规定，地震灾后恢复重建应当编制恢复重建规划，明确恢复重建的目标、任务和措施。

2. 恢复重建资金

《中华人民共和国防洪法》规定，国家设立防洪基金，用于支持防洪工程建设、维护和恢复重建。

3. 恢复重建项目审批

《中华人民共和国突发事件应对法》规定，恢复重建项目应当依法进行审批，确保恢复重建工作的顺利进行。

第二节 《中华人民共和国防洪法》

《中华人民共和国防洪法》是为了防治洪水，防御、减轻洪涝灾害，维护人民的生命和财产安全，保障社会主义现代化建设顺利进行而制定的法律。

该法于 1997 年 8 月 29 日第八届全国人民代表大会常务委员会第二十七次会议通过，1997 年 8 月 29 日中华人民共和国主席令第 88 号公布，自 1998 年 1 月 1 日起施行。颁布至今，进行了三次修正，分别根据 2009 年 8 月 27 日第十一届全国人民代表大会常务委员会第十次会议《关于修改部分法律的决定》第一次修正，根据 2015 年 4 月 24 日第十二届全国人民代表大会常务委员会第十四次会议《关于修改〈中华人民共和国港口法〉等七部法律的决定》第二次修正，根据 2016 年 7 月 2 日第十二届全国人民代表大会常务委员会第二十一次会议《关于修改〈中华人民共和国节约能源法〉等六部法律的决定》第三次修正。

现行的《中华人民共和国防洪法》共八章六十五条。第一章为总则；第二章为防洪规划；第三章为治理与防护；第四章为防洪区和防洪工程设施的管理；第五章为防汛抗洪；第六章为保障措施；第七章为法律责任；第八章为附则。防洪工作按照流域或者区域实行统一规划、分级实施和流域管理与行政区域管理相结合的基本管理制度。

作为一部调整人类在与自然的斗争中所形成的社会关系的专业法律，《中华人民共和国防洪法》的根本目的是减轻洪涝灾害，保全人类的生命和财产，维护社会经济的稳定发展。

洪涝灾害是中华民族的心腹之患，减轻和防御洪涝灾害，是多少年来中华儿女为之不懈努力的奋斗目标。我国是一个江河众多的国家，有流域面积在100平方公里以上的河流5万多条，总长度约45万公里。水资源和河川径流在地区上分布很不均匀，在时间上分配比较集中，年际变化很大，连丰、连枯年份经常出现，加之我国复杂的地理、气候条件，使我国成为世界上水旱灾害最严重的国家之一。就洪灾而言，全国三分之二的国土面积受着不同程度的洪涝灾害侵袭，洪涝灾害十分频繁。据历史记载，从公元前206年至1949年的2155年间，中国发生较大洪涝灾害1092次，平均每两年就有一次较大的水灾。新中国成立以后，洪涝灾害的频繁程度并无减少。进入20世纪90年代以来，八年中有四年发生较大的水灾，1998年又发生了长江和松花江、嫩江特大洪水。

众所周知，洪涝灾害给人类带来两大灾难性后果：一是直接威胁人民生命和财产安全；二是对经济的巨大破坏。洪涝灾害在历史上曾给中国人民带来了深重的灾难。新中国成立以后，虽然全国人民在党的领导下在防治洪涝灾害方面做了大量的工作，人民的生命和财产得以最大限度保全，取得了可喜的成就，但是洪涝灾害仍然威胁着我国的经济发展和人民的生命财产安全，仍然是我国社会经济发展进程中的心腹之患，特别是由于经济不断发展，城市现代化进程加快，产业和财富进一步向城市集中，同样的洪水给社会经济带来的损失及对人民生活质量的影响将远远大于历史上的任何时期。因此，在目前的情况下，采取各种措施，防御、减轻洪涝灾害，对于保障人民生命财产安全、维护经济的稳定发展、保障四化的顺利实现显得尤为重要，这也就是防洪法制定与实施的根本目的。

近年来，我国水土流失严重，河流湖泊大量淤积、围垦，防洪能力进一步下降，同样的洪水，水位越来越高，流速越来越慢，洪水持续时间越来越长，防洪的形势更加严峻。在防洪工作中，存在着没有切实的手段保证防洪规划的落实、对河道防护及防洪工程设施保护缺乏强有力的措施、对蓄滞洪区的安全与建设缺乏有效的管理以及防洪投入不够、防洪标准偏低、实际防洪能力差等若干问题。

制定《中华人民共和国防洪法》就是要针对上述问题进行规范，通过法律手段，理顺防洪活动中的各种社会关系，使防洪活动在有序、高效、科学的轨道上顺利进行，最终达到治理、预防、减轻洪涝灾害，保障人民生命财产安全，保障“四化”建设实现的根本目的。

一、防洪规划的制定与实施

（一）防洪规划的定义和特点

《中华人民共和国防洪法》第九条规定，防洪规划是指为防治某一流域、河段或者区域的洪涝灾害而制定的总体部署，包括国家确定的重要江河、湖泊的流域防洪规划，其他江河、河段、湖泊的防洪规划以及区域防洪规划。防洪规划应当服从所在流域、区域的综合规划；区域防洪规划应当服从所在流域的流域防洪规划。防洪规划是江河、湖泊治理和防洪工程设施建设的基本依据。

本条款给出了防洪规划的定义，是为防治洪涝灾害而制定的总体部署。同时指出了防洪规划的特点：第一，防洪规划是一种安排或计划，它规定的是一个时期内的防洪工作；第二，防洪规划是在深入研究有关流域、河段或者区域的自然与社会特点、水文气象资料、洪灾损失的历史经验和现有防洪能力等各种情况，在广泛调查研究的基础上，通过综合比较论证而制定的，它反映的是对某一流域或区域防洪工作的总体要求，对该地区的防洪工作具有普遍意义；第三，防洪规划的主要内容是拟定防洪标准和选择优化的防洪系统，包括对现有河流、湖泊的治理计划及兴修新的防洪工程的战略部署等；第四，相对于流域或区域的综合规划而言，防洪规划是一项专业规划。

（二）防洪规划的制定和修改

《中华人民共和国防洪法》第十条规定，国家确定的重要江河、湖泊的防洪规划，由国务院水行政主管部门依据该江河、湖泊的流域综合规划，会同有关部门和有关省、自治区、直辖市人民政府编制，报国务院批准。

其他江河、河段、湖泊的防洪规划或者区域防洪规划，由县级以上地方人民政府水行政主管部门分别依据流域综合规划、区域综合规划，会同有关部门和有关地区编制，报本级人民政府批准，并报上一级人民政府水行政主管部门备案；跨省、自治区、直辖市的江河、河段、湖泊的防洪规划由有关流域管理机构会同江河、河段、湖泊所在地的省、自治区、直辖市人民政府水行政主管部门、有关主管部门拟定，分别经有关省、自治区、直辖市人民政府审查提出意见后，报国务院水行政主管部门批准。

城市防洪规划，由城市人民政府组织水行政主管部门、建设行政主管部门和其他有关部门依据流域防洪规划、上一级人民政府区域防洪规划编制，按照国务院规定的审批程序批准后纳入城市总体规划。

修改防洪规划，应当报经原批准机关批准。

本条款规定了四类防洪规划的编制机关及审批权限。第一类是国家确定的重要江河、湖泊的流域防洪规划；第二类是除国家确定的重要江河、湖泊以外的其他江河、河段、湖泊的防洪规划；第三类是跨省、自治区、直辖市的江河、河段、湖泊的防洪规划；第四类是城市防洪规划。本条款规定各类防洪规划的编制机关及审批权限的原则是：一是根据防洪规划所涉及的范围及重要性，结合我国目前防洪工作的管理体制，作出切实可行的规定；二是对跨行政区域的江河、河段、湖泊的防洪规划的编制机关和审批权限作出规定，以明确职责，避免相互推诿，保证防洪规划及时、科学地编制；三是专门规定了城市防洪规划的编制机关及审批权限，以明确与城市防洪工作有关的各部门在编制防洪规划及审批过程中的地位和作用；四是强调防洪规划要以有关的流域、区域及有关的江河、湖泊等的综合规划为依据。

本条最后一款规定了修改防洪规划的审批权限。修改防洪规划是有关机关根据不同时期防洪工作的特点，为适应防洪工作的新要求而进行的对原防洪规划某一项或某几项的修订。根据本条的规定，修改防洪规划，应当报原批准机关批准以体现防洪规划的严肃性。

《中华人民共和国防洪法》第十一条规定，编制防洪规划，应当遵循确保重点、兼顾一般，以及防汛和抗旱相结合、工程措施和非工程措施相结合的原则，充分考虑洪涝规律和上下游、左右岸的关系以及国民经济对防洪的要求，并与国土规划和土地利用总体规划相协调。

防洪规划应当确定防护对象、治理目标和任务、防洪措施和实施方案，划定洪泛区、蓄滞洪区和防洪保护区的范围，规定蓄滞洪区的使用原则。

此条款给出了关于防洪规划的编制原则及内容的规定。

1. 编制防洪规划的原则

根据《中华人民共和国防洪法》第二条的规定，防洪工作实行全面规划、统筹兼顾、预防为主、综合治理、局部利益服从全局利益的原则。这是我国防洪工作所应遵循的基本原则。防洪规划是整个防洪工作的基础性工作，是防治洪涝灾害的总体行动部署，因此，编制防洪规划也必然要从防洪工作的总体要求出发，遵循防洪工作的基本原则。为了确保防洪规划的科学性和在实施中切实可行，本条根据防洪工作的基本原则，结合对编制防洪规划的具体要求，确定了编制防洪规划的几项具体原则。

（1）确保重点、兼顾一般的原则。人口稠密、经济发达、财富集中的大中城市，作为国家重要交通枢纽的铁路、公路干线以及作为国民经济支柱产业的大型骨干企业，是我国的防洪重点。编制防洪规划时要充分考虑上述地区和企业的防洪需要，确定科学的治理目标和缜密的防洪实施方案，当洪水来临时，确保上述大中城市的社会经济秩序不受干扰，重要的铁路和公路干线畅通无阻，大型骨干企业保持正常的生产秩序。我国是一个发展中国家，财力和物力十分有限，为了最大限度地保护人民生命和全社会财产的安全，将洪涝灾害所造成的损失降低到最小，根据我国社会经济的发展状况，必须实行确保重点的原则。而这一原则只有在防洪规划中充分体现出来，才能在具体的防洪工作中得以实现。因此，编制防洪规划要强调确保重点；在确保重点的同时，也要兼顾一般。在编制防洪规划时要注意充分发挥所实施的各项防洪措施的综合效益，考虑除防洪重点以外的一般受灾对象的防洪安全，特别是对受洪水威胁的城市、经济开发区、工矿区和国家重要的农业生产基地等，有能力的地区也应当对其重点保护。

（2）防汛和抗旱相结合的原则。防污和抗旱相结合的原则要求在编制防洪规划时，注意发挥水的多种功能，根据我国旱灾的活动规律，合理布局防洪设施，安排水库在汛期的后期及时蓄水，利用洪水解决某些地区的干旱问题。我国既是一个洪涝灾害频繁的国家，又是一个十分缺水的国家，在一些地区遭受洪涝灾害的同时，另一些地区往往干旱严重，因此，只有在兴水利、除水害的基础上，综合开发利用和保护水资源，才能从根本上解决我国既多水又缺水的实际问题。具体到防洪工作上，即要求坚持防汛不忘抗旱，防汛和抗旱相结合。防洪规划作为防洪工作的总体安排，在防洪工作的设计上就要体现这一原则。

（3）工程措施和非工程措施相结合的原则。防洪的工程措施是指通过修建各种工程的办法来控制和抗御洪水以减少洪水灾害损失的一种防洪对策，包括修建大堤、防洪墙、分洪工程、河道整治工程、水库建设工程及有关的水土保持工程等；非工程措施是指通过政策、法律以及修建防洪工程以外的其他手段，减少洪水灾害损失的对策，包括洪泛区管理工作、河道清障措施、洪水预警系统、洪水保险、洪涝灾害的救济以及对超标准洪水的防御措施等。从人类抗御洪水的历史发展来看，工程措施是人类防洪的主要手段，但是单靠工程措施难以完全控制洪涝灾害所带来的损失。比如，目前堤防仍然是各国最主要的防洪措施，但受工程经济效益和安全度的限制，堤防不可能无限制加高，加之洪水灾害的大小难以事先确定，因此，遇到超过堤防防护能力的洪水，必须采取其他防御措施，否则将造成难以弥补的损失；遇到全流域的特大洪水时，现有的防洪控制枢纽难以完全抵挡。近年来，随着经济的发展，洪泛区的人口大量增长，造成过度开发，在河道里设障的情况也屡屡发生，其结果是虽然修筑了较高标准的堤防，但当洪水来临时，损失仍然有增无减。我国的洪水灾害，有洪峰高、流量大和突发性强的特点，如果要求完全用工程措施加以控制，普遍提高江河防洪能力，也难以做到。可见，只有在推进工程措施的同时，强调采取加强洪泛区的管理等非工程性措施，将二者结合起来，形成防洪系统，才能有效地防治洪水。编制防洪规划必须坚持工程措施和非工程措施相结合的原则，既要对修建各种防洪设施作出安排，也要具体规定对洪泛区、蓄滞洪区的管理措施及实行洪水预报和警报措施、救灾措施等。目前，在我国的防洪实践中，对蓄滞洪区的管理存在很大的问题，占用河道的现象十分严重，大力提倡加强非工程性措施，健全有关的法律、法规，增强人民的防患意识对我国的防洪工作具有重要的意义。

（4）遵循洪涝规律，体现国民经济对防洪的要求的原则。防洪的根本目的是减少洪涝损失，维护人民生命和财产安全，保障全社会经济的不断发展。防洪规划应当充分体现国家经济发展的不同阶段对防洪工作的不同要求，以保护经济发展为目标，采用适应当前阶段经济发展状况的对策，与经济发展和人民生活紧密相连，只有这样，才能使防洪规划更加切实可行。同时，防洪的主要内容是通过采取一系列有效的措施，防御和减轻洪涝灾害，而洪涝灾害是一种自然现象，有其发生和发展的客观规律，人类只有在掌握洪水活动的客观规律的基础上才有可能采取相应的对策，战胜洪水。因此，编制防洪规划，必须始终遵循这一原则，在充分研究洪水灾害的成因、发生规律和历史特点等的基础上，综合考虑上下游、左右岸的关系，统一作出防洪部署。如果不遵循这一原则，就会将整个防洪工作引入歧途，事倍功半。

（5）防洪规划与国土规划和土地利用总体规划相协调的原则。综合开发利用水土资源是国民经济发展的必然要求，为此，国家制定国土规划和土地利用总体规划，指导水土的整治，安排土地的利用，其中也包括对江河的整治及对河道管理范围内的土地、蓄滞洪区内的土地作出土地利用的综合规划。因此，在编制防洪规划，安排水利工程和河道整治工程时，要注意与国家国土规划和土地利用总体规划相协调。

2. 防洪规划的内容

编制防洪规划是一项涉及面广且十分复杂的工作，其中包括的内容很多，《中华人民共和国防洪法》防洪规划有以下几项主要内容：一是确定防护对象，要求根据国民经济发展的需要，从确保重点、兼顾一般的原则出发，确定不同的防护对象；二是确定治理目标和任务，包括根据不同防护对象的重要性和洪水灾害的严重程度，结合现有的防洪条件确定适当的防洪标准；三是制定防洪措施和实施方案，包括选择优化防洪系统和防洪调度方式等；四是划定洪泛区、蓄滞洪区和防洪保护区的范围，规定蓄滞洪区的使用原则。根据《中华人民共和国防洪法》第二十九条的规定，洪泛区是指尚无工程设施保护的洪水泛滥所及的地区；蓄滞洪区是指包括分洪口在内的河堤背水面以外临时贮存洪水的低洼地区及湖泊等；防洪保护区是指在防洪标准内受防洪工程设施保护的地区。蓄滞洪区是调蓄洪水的重要场所，当较大洪水来临时，为了保护防洪保护区的安全，尽量减少损失，需要按照“牺牲局部，保护全局”的原则，利用蓄滞洪区进行分洪和滞洪。这些地区范围的划定及如何使用与这些地区所在区域的洪水特点和防洪需要直接相关，并且涉及许多地区、部门的切身利益，必须统一协调，综合考虑。一旦确定，必须毫无保留地予以执行。为了保证划定上述区域范围和使用上述有关区域的科学性和严谨性，为对上述区域的管理提供可靠的依据，需要在防洪规划中加以规定。

（三）防洪规划的实施

防洪规划中需要制定实施方案，实施方案的制定要在防洪规划编制原则下，依据具体河流、区域特点、防洪工程等情况进行编制。通常要注意以下几点。

（1）完善流域防洪工程体系。加快推进中小河流及山洪沟治理，因地制宜完善堤防、护岸工程建设，提高河道行洪能力。推进蓄滞洪区工程标准化管理，常态化开展蓄滞洪区违法建设的巡查和处置。

（2）构建雨水情监测预报体系。充分利用气象、水文等部门雨量及水位信息数据，优化预警发布与专班叫应联动机制，提高“短临＋实时”灾害预警的准确性和时效性。开展视频监控站补点规划和建设，提升雨水情站点运管水平和极端天气通信保障率。

（3）提升水旱灾害防御工作体系。落实水利工程度汛、河湖突出问题排查整治、水库安全运行、基层山洪灾害防御等责任体系，构建支撑有力的决策支持体系和协同高效的调度指挥体系，提高全市水利系统应对水旱灾害制度化、规范化、现代化水平。

（4）加强顶层设计和科学规划。统筹发展和安全，坚持系统观念和底线思维，以流域为单元，通过固底板、补短板、锻长板，加快完善由河道及堤防、水库、分蓄洪区等组成的现代化防洪工程体系，大幅提升洪涝灾害防御能力。

（5）提高河道泄洪能力。加快大江大河大湖治理，实施主要支流和中小河流治理，加强河湖行洪空间管控。

（6）增强洪水调蓄能力。加快流域控制性枢纽工程建设，实施病险水库水闸除险加固，加强流域水库群联合调度。

（7）确保分蓄洪区分蓄洪功能。加快蓄滞洪区布局优化调整与建设，加强分蓄洪区管理，开展洲滩民垸分类整治。

（8）补齐防洪短板。加强山洪灾害防治、城市防洪能力建设、重点涝区排涝能力建设、沿海防台防潮能力建设。

（9）加强洪水风险管理。加强流域防洪智慧化调度，强化防洪隐患排查和应急管理。

防洪规划应当成为江河、湖泊治理和防洪工程设施建设的基本依据。只有重视编制防洪规划，全面考虑防洪工作，严格执行防洪规划，才能保证防洪工作的有序进行，减少重复建设，避免人力、财力和物力的浪费，使各项防洪措施发挥最佳的防洪效益。

二、防洪工程设施的建设与管理

（一）防洪区的分类与规划

根据《中华人民共和国防洪法》第二十九条第一款，防洪区是指洪水泛滥可能淹及的地区，分为洪泛区、蓄滞洪区和防洪保护区。

防洪区是防洪规划的重要内容之一。这些地区都处于江河洪水位以下，洪水泛滥时可能淹及，因而受到洪水的直接威胁。就我国的实际情况而言，确定防洪区十分必要：一方面，我国从南至北，江河众多，几大水系又处于季风影响之下，历来洪水频繁；另一方面，我国有 100 万平方公里的国土，包括 5 亿亩耕地的地面高度低于江河洪水位，其上，则有多达 6 亿的人口和 90% 的城市，面临着洪水的威胁和影响。因此，这些地区是我国防汛抗洪工作的重中之重，而在这些地域广大的地区采取防汛抗洪措施，首先要分别根据具体情况，做好防洪规划，并依据防洪规划，划定防洪区，为实施各种防洪措施提供依据，保证防洪工作有的放矢。因此，针对实际，划定防洪区，是防汛抗洪工作的前提，也是关系到国计民生的一个重大问题。

防洪区分为洪泛区、蓄滞洪区和防洪保护区。其中，洪泛区是指防洪区中尚无防洪工程设施保护的地区，这类地区主要集中于我国人烟稀少的西部地区。蓄滞洪区是指河堤背水面以外临时贮存洪水的低洼地区及湖泊等，是江河防洪体系中的重要组成部分。与洪泛区不同，蓄滞洪区的主要特点是人为控制和使用。蓄滞洪区的形成，有多种情况，但都是自然与人为因素的共同结果。历史上，一些低洼地和湖泊在汛期江河水位高涨时，自然蓄滞洪水，起到降低江河水位和蓄洪的作用。随着人口增多，生产的发展，这些地区出现了人水争地的局面，为了解决这种矛盾，当地群众将所处的低洼地与江河分开，在遇有较大洪水时，才有计划地使用该地区用于蓄滞洪水。形成蓄滞洪区的另一类情况，是我国北方一些地区，当地群众在江河的枯水期利用江河滩地从事耕作，在汛期江河水位上涨，淹及滩地时暂时撤离。例如，有土地 300 多万亩、人口 160 多万人的黄河滩区，以及淮河、海河、松辽流域的大量河道滩地，都属于这种蓄滞洪区。所谓防洪保护区，则指防洪区中受到防洪工程设施保护的地区。与洪泛区、蓄滞洪区不同，防洪保护区强调防洪工程设施的保护，避免洪水淹及。如前所述，我国大面积的防洪区域内，一些地区如长江沿岸、珠江三角洲等地区城市集中，人口密集，经济发达；一些地区贯穿重要的交通干线，建设有重要的工矿、能源基地。目前，我国已建、在建的各种防洪工程设施，重点保护上述地区不受洪水淹及。应当明确，防洪区的划定，不是一成不变的，而是随着国民经济的发展和防洪能力的提高而改变的。但是，防洪区一经划定，应当严格执行，针对防洪区的不同要求和实际情况，依法做好防洪工作，保障国家和人民生命财产安全。

划定防洪区，是防洪工作的前提和指导防洪工作与区内生产建设活动的依据。防洪区的具体范围，首先，应当明确于有关地区的防洪规划和防御洪水方案之中。同时，防洪区的划定，是一件关系国计民生的大事，其划定的程序和审批应当严格、审慎。其次，防洪区的划定，牵涉亿万群众的生产、生活，为社会、经济的方方面面所关注，划定防洪区和具体范围，应当为公众所周知。因此，《中华人民共和国防洪法》第二十九条第五款规定，洪泛区、蓄滞洪区和防洪保护区的范围，在防洪规划或者防御洪水方案中划定，并报请省级以上人民政府按照国务院规定的权限批准后予以公告。

（二）防洪工程设施的建设

防洪工程设施的建设划分为三个层面，一是洪泛区、蓄滞洪区内进行安全建设，二是洪泛区、蓄滞洪区内进行非防洪项目建设，三是防洪重点保护对象防洪工程建设。

1. 洪泛区、蓄滞洪区内进行安全建设

防洪工作是一项长期性的工作，对防洪规划确定的各项安全建设工作，首先应当制订相应的计划，按照计划，有步骤地实施。对此，我国一些江河、湖泊及部分省区就洪泛区、蓄滞洪区的安全建设编制了专门的规划，按照规划，中央和地方政府与水行政主管部门有计划地安排有关建设项目。目前安全建设的总体水平仍旧与防洪规划的要求有很大差距，而各项建设工作不可能一蹴而就，需要制订长期计划和规划，在今后长期工作中逐步到位。在蓄滞洪区，强调安全建设计划，还突出体现在有关的人口控制问题上。解决蓄滞洪区的安全问题，发挥蓄滞洪区蓄滞洪水作用，关键是要处理好人水争地的矛盾。在既保障蓄滞洪区内人民生命财产安全，又实现蓄滞洪区蓄滞洪水的功用这一原则下，控制区内人口增长就成为蓄滞洪区安全建设计划中一个重要内容。控制蓄滞洪区内人口增长的措施，无非两种：一是控制人口的自然增长率和外来人口的迁入，二是组织区内人口外迁。根据有关规定和实践，蓄滞洪区人口控制办法主要包括以下几点。一是省级人民政府应组织有关部门制定蓄滞洪区人口控制规划，规定区内人口增长率必须低于省内其他地区，提出具体控制指标并建立分区人口册。限制人口迁入，明确区外迁入户口的审批机关，严格履行审批制度。二是经常进洪的蓄滞洪区应鼓励人口外迁或到其他地区工作，受保护地区的单位应面向蓄滞洪区招工，并予以优先安排。三是宣传蓄滞洪区域环境对人口容量的制约作用，加强计划生育工作，认真执行政府制定的人口规划。对人口超计划增长的蓄滞洪区，减少或停止国家给予的优惠待遇。人口外迁的主要形式，包括异地安置和就地上靠两种。

2. 洪泛区、蓄滞洪区内进行非防洪项目建设

根据《中华人民共和国防洪法》第三十三条，在洪泛区、蓄滞洪区内建设非防

洪建设项目，应当就洪水对建设项目可能产生的影响和建设项目对防洪可能产生的影响作出评价，编制洪水影响评价报告，提出防御措施。洪水影响评价报告未经有关水行政主管部门审查批准的，建设单位不得开工建设。

在蓄滞洪区内建设的油田、铁路、公路、矿山、电厂、电信设施和管道，其洪水影响评价报告应当包括建设单位自行安排的防洪避洪方案。建设项目投入生产或者使用时，其防洪工程设施应当经水行政主管部门验收。

在蓄滞洪区内建造房屋应当采用平顶式结构。

此条规定了在洪泛区、蓄滞洪区内非防洪建设项目的洪水影响评价制度。

洪水影响评价制度，是《中华人民共和国防洪法》关于防洪区内防洪措施中的重要内容。确立这项制度，其必要性体现在以下几个方面。一是适应防洪需要，有利防灾减灾。洪泛区、蓄滞洪区是受洪水威胁较为严重的地区，为防患于未然，在这些地区内的各项生产建设活动必须充分考虑洪水的威胁，采取相应的防御措施，其中的非防洪建设项目，有必要在开工建设前对洪水影响进行评价并采取防洪措施。二是严格非防洪建设项目审批程序，加强水行政主管部门在防洪工作中的监督管理作用，并制止非防洪建设项目的盲目立项，促进防洪工作制度化、规范化。三是历史经验和教训证明，忽视水患，盲目建设，甚至挤占防洪工程设施及其用地，不仅影响防洪安全，也会造成严重的社会、经济损失。

在洪泛区、蓄滞洪区内建设各种非防洪建设项目，应当就洪水对建设项目可能产生的影响和建设项目对防洪可能产生的影响作出评价，编制洪水影响评价报告，提出防御措施。根据这一规定，洪水影响评价制度包括以下四个方面的内容。一是对洪水对建设项目可能产生的影响作出评价，如建设项目的选址，是否为洪水可能淹及的地区。二是对建设项目对防洪可能产生的影响作出评价，如建设项目是否挤占了防洪工程设施及其用地，是否阻碍行洪等。也就是说，建设项目不仅要考虑防洪需要，也要避免对现有防洪工程设施的破坏、侵占等。三是在作出上述评价之后，提出建设项目防御洪水的措施，对需要建设有关防洪工程设施保护的，提出有关工程设施建设的方案；需要非工程性措施的，提出建设项目防洪、避洪的办法。四是在作出洪水影响评价和提出防御洪水的措施后，编制书面的洪水影响评价报告，以备有关水行政主管部门审查。《中华人民共和国防洪法》同时对提交洪水影响评价报告的程序作出规定，即建设单位首先应当将其编制的洪水影响评价报告和拟定的防御洪水措施提交有关水行政主管部门审查，经水行政主管部门批准后，按照国家规定的基本建设程序，在建设项目可行性研究报告报送批准时一同报送。

对于蓄滞洪区内能源、交通等基础设施的洪水影响评价制度，由于油田、铁路、公路、矿山、电厂、电信设施和管道等设施是重要的基础设施，具有重要的社会、经济价值，在国民经济中具有重要地位，对这类基础设施的安全性要求较高，尤其是在蓄滞洪区内，安全性尤为重要。为避免和减少洪水影响，保障基础设施的安全，对这类设施的洪水影响评价作出特别规定，即洪水影响评价的内容应当包括建设单位自行安排的防洪、避洪方案；建设项目投入生产或使用时，其防洪工程设施应当经水行政主管部门验收。这样规定的目的，在于保证有关基础设施自身具备一定的防洪避洪能力。

同时实践证明，在蓄滞洪区内，各种建筑物在洪水淹及时往往成为当地群众暂时躲避洪水的“安全岛”，对减少人民生命、财产损失发挥了不可忽视的作用，成为蓄滞洪区内群众紧急避洪的有效方式。为了保证人民生命财产安全，《中华人民共和国防洪法》对房屋建设作出了特别规定，即各种房屋应当采用平顶式结构。这里的房屋，应当包括学校、机关、企业事业单位等建设的各种永久性建筑物。

3. 防洪重点保护对象防洪工程建设

《中华人民共和国防洪法》第三十四条第一款规定，大中城市，重要的铁路、公路干线，大型骨干企业，应当列为防洪重点，确保安全。此条是关于防洪重点保护对象及保护要求的规定。

在各种自然灾害中，洪水灾害往往威胁较大，在目前物质、技术水平，尤其是江河防洪标准还不是很高的情况下，确保关系国家、地区社会、经济稳定和发展的重要地区、单位的防洪安全是至关重要的。在本条规定的防洪重点中，大中城市是国家和地区的政治、经济、文化中心，人口密集，又是重要的航空、铁路、公路等交通枢纽；铁路、公路是联结各地区的纽带，是社会和经济运行的交通命脉；大型骨干企业是国民经济的支柱。因此，重点保障这些地区和单位的安全，既保障了国家和地区社会、经济稳定和正常运行，也保障了在防洪工作中人员、物资的生产、运输和抢险救灾及灾后恢复重建工作能够顺利进行。

受洪水威胁的城市、经济开发区、工矿区和国家重要的农业生产基地等，应当重点保护，建设必要的防洪工程设施。之所以对这些地区如此规定，主要是考虑目前这些地区的防洪标准不高，而一旦遭遇洪水，会造成严重的生命、财产损失。我国许多大中城市沿河兴建，受洪水威胁，随着经济的发展，各种经济开发区数量不断增加，城区规模也不断扩大，城市及经济开发区人口密集，各项产业集中。在经济快速发展的同时，应当有相应的防洪措施跟得上去，而至目前，我国许多受洪水威胁、有防洪任务的城市、经济开发区等防洪标准较低，有的城市根本未设防，构成防洪一大隐患，成为我国防洪工作迫切需要加强的一个薄弱环节。确保这些地区的防洪安全，首要措施就是建设必要的防洪工程设施，提高防洪标准。这也是本条第二款规定的目的所在，即明确了当前防洪工程设施建设的重点目标，是受洪水威胁的城市、经济开发区、工矿区和国家重要的农业生产基地等需要重点保护的地区。

提高城市防洪能力，不仅要重点建设防洪工程设施，还要处理好城市发展与防洪的关系，维护已有防洪工程设施。根据《中华人民共和国防洪法》的规定，城市防洪工程设施既包括人工建设的防洪围堤等工程设施，也包括原有的自然形成的河道沟汊、贮水湖塘洼淀等，这些设施在城市防洪中将发挥重要的行洪、蓄洪作用。由于城市建设发展较快，建设用地紧张，一些地方忽视防洪需要，城市建设擅自侵占、填堵河道和贮水湖塘等现象时有发生，给城市防洪安全带来严重隐患，后果也不堪设想。对此，本条明确规定，城市建设不得擅自填堵原有河道沟汊、贮水湖塘洼淀和废除原有防洪围堤。同时，为适应城市建设与防洪协调发展的需要，本条规定，对确需填堵河道沟汊、贮水湖塘洼淀或者废除已有的防洪围堤的，应当经水行政主管部门审查同意，并报城市人民政府批准。

（三）防洪工程设施管理和保护

关于防洪工程设施管理和保护，《中华人民共和国防洪法》第三十五条作出了相关规定，属于国家所有的防洪工程设施，应当按照经批准的设计，在竣工验收前由县级以上人民政府按照国家规定，划定管理和保护范围。属于集体所有的防洪工程设施，应当按照省、自治区、直辖市人民政府的规定，划定保护范围。在防洪工程设施保护范围内，禁止进行爆破、打井、采石、取土等危害防洪工程设施安全的活动。

此条款有两个方面要求，一是关于防洪工程设施保护范围及划定。所谓防洪工程设施的保护范围，是指为保证防洪工程设施的正常运行的需要，在防洪工程设施的周边划定一定范围的地域。在该地域范围内，通过禁止有关影响防洪工程设施正常运行或者威胁防洪工程设施安全的活动，达到保护防洪工程设施的目的。由于划定保护范围的核心工作是用地问题，关于防洪工程设施保护范围用地的划定，还应当按照土地管理法律、法规的规定进行。根据《中华人民共和国土地管理法》的规定，建设项目用地，除兴办乡镇企业和村民住宅经依法批准使用本集体经济组织农民集体所有的土地，或者乡（镇）村公共设施和公益事业建设经依法批准使用农民集体所有的土地以外，必须依法申请使用国有土地，包括国家所有的土地和国家征用的原属于农民集体所有的土地。其中，建设占用土地，涉及农用地转为建设用地的，应当办理农用地转用审批手续。对省级人民政府批准的大型基础设施等建设项目、国务院批准的建设项目占用土地，涉及农用地转为建设用地的，由国务院批准；在土地利用总体规划确定的城市和村庄、集镇建设用地规模范围内，在经批准的农用地转用范围内，具体建设项目用地可以由市、县人民政府批准。除上述两种情况以外，建设项目占地涉及农用地转为建设用地的，由省级人民政府批准。此外，《中华人民共和国土地管理法》对建设用地需要征用土地的批准权限作出规定，即征用永久基本农田、永久基本农田以外的耕地超过三十五公顷的，其他土地超过七十公顷的，由国务院批准；征用基本农田以外的耕地未超过三十五公顷的、其他土地未超过七十公顷的，由省级人民政府批准，报国务院备案。国家征用土地的，依照法定程序批准后，由县级以上地方人民政府予以公告并负责组织实施。根据《中华人民共和国土地管理法》的上述规定，本条对防洪工程设施保护范围的划定，区分国有防洪工程设施和集体所有防洪工程设施，分别作出规定：属于国家所有的防洪工程设施，应当按照经批准的设计，在竣工验收前由县级以上人民政府按照国家规定，划定管理和保护范围；属于集体所有的防洪工程设施，应当按照省、自治区、直辖市人民政府的规定，划定保护范围。

二是对防洪工程设施保护范围内有关活动的强制性要求。划定防洪工程设施保护范围，目的在于保障防洪工程设施的正常运行和安全，防止有关活动对防洪工程设施的运行和安全造成危害和不良影响。对此，《中华人民共和国防洪法》第三十五条第三款规定，在防洪工程设施保护范围内，禁止进行爆破、打井、采石、取土等危害防洪工程设施安全的活动。由此可见，防洪工程设施保护范围，就是前述有关活动的禁区，是防洪工程设施的保护区。

三、防汛抗洪的组织与实施

（一）防汛指挥机构的设置、组成及职责

1. 我国各级防汛指挥机构

（1）国务院设立的国家防汛指挥机构，由国务院副总理任总指挥，国务院副秘书长、国务院水行政主管部门、国家计委、国家经贸委负责人任副总指挥，其他成员由国务院所属各有关部门、中国人民解放军、中国人民武装警察部队等单位的领导担任。

（2）有防汛抗洪任务的县级以上地方人民政府设置的地方防汛指挥机构，由地方人民政府主要领导人、有关部门、当地驻军、人民武装部负责人等组成。

（3）重要江河、湖泊防汛指挥机构，由有关省、自治区、直辖市人民政府和该江河、湖泊的流域管理机构负责人等组成。目前我国已设立了黄河、长江防汛指挥机构，其他重要江河有些也已设立了类似的机构。

2. 防汛指挥机构的职责

根据有关规定，各级防汛指挥机构的职责如下。

（1）国家防汛指挥机构的主要职责包括执行国家有关防汛工作的方针、政策，拟定防汛法规，组织制定重要江河的防御洪水方案，督促检查各地防汛计划和防汛准备，协调国务院有关部门的防汛工作，会同国务院有关部门审定防洪资金和防汛补助经费，负责全国重点防汛物资储备、调拨及管理，在汛期掌握水情、汛情、灾情，及时向国务院提出报告，对防汛抗洪重大问题提出处理建议，开展防汛抗洪宣传教育和技术培训等。

（2）县级以上地方各级防汛指挥机构，在上级防汛指挥机构和本级人民政府的领导下，指挥本地区的防汛抗洪工作。主要职责是：执行有关法律、法规和上级命令，制定和审批所辖范围内江河、湖泊防御洪水方案和防汛工作计划，督促检查防汛准备和防洪工程的修复，会同有关部门安排防洪经费，储备和管理防汛物资，掌握本地区的水情、汛情、灾情，向上级提出报告和建议，发布洪水预报、警报，下达和执行防汛调度命令，组织防汛队伍，指挥防汛抢险及灾区人员安全转移，开展防汛宣传教育和培训工作。

（3）重要江河、湖泊防汛指挥机构，负责本流域所管辖范围内的防汛抗洪工

作，其职责与各级地方防汛指挥机构的有关职责基本一致。

3. 防汛指挥机构的办事机构

防汛抗洪工作是一项长期工作，为保持防汛工作的连续性，有必要设立相应的日常办事机构。根据规定，各级防汛指挥机构的办事机构，应当设在同级水行政主管部门。在必要时，也可以在建设行政主管部门设立相应的办事机构，负责城市市区的防汛抗洪日常工作。

（二）防御洪水方案的制定和地位

防御洪水方案是针对江河、湖泊可能发生的各种量级的洪水，事先确定各类防洪工程，包括水库、闸坝、堤防、蓄滞洪区等的运用标准、时机、方式和承担的具体任务等，并明确各项重要防洪工程启用的批准机关和组织实施者以及围绕防御洪水方案的实施应采取的有关措施的总称。简而言之，防御洪水方案是在现有防洪工程设施和自然地理条件下，对可能发生的各种不同类型的洪水预先制定的防御对策和计划安排，是各级人民政府防汛指挥机构实施防洪调度决策和抢险救灾的依据。因此，防御洪水方案是防洪减灾的前提。

1. 防御洪水方案的制定依据

防御洪水方案是防洪减灾的对策和方案，其制定必须符合防洪的实际需要，有科学合理的依据。所谓符合防洪的实际需要，就是有防洪任务的地方、重要江河，都应当制定相应的防御洪水方案；所谓科学合理的依据，是指防御洪水方案应当根据流域综合规划、防洪工程设施的实际状况和国家规定的防洪标准制定。根据《中华人民共和国防洪法》的规定，流域综合规划是开发利用水资源和防治水害的综合规划，江河、湖泊治理以及防洪工程设施的建设，应当符合流域综合规划，与流域水资源的综合开发相结合。因此，防御洪水方案应当服从于流域综合规划。

2. 防御洪水方案的制定、审查、批准权限

防御洪水涉及全社会的方方面面，是一项复杂的系统工程，因此，防御洪水方案的制定也要求有严格的制定、审批程序，并具备应有的权威性。根据规定，防御洪水方案应当由县级以上有关人民政府负责制定和审批。根据防洪需要，有关的防御洪水方案根据制定和审批权限、程序的不同要求可分为以下几类。①县级以上地方行政区域内的防御洪水方案。凡有防洪任务的县级以上地方人民政府，都应当对

本行政区域内的防洪工作制定防御洪水方案。②跨省的其他江河的防御洪水方案，由有关流域管理机构会同有关省级人民政府制定，报国务院或者国务院授权的有关部门批准。其中，对于跨县或者跨市的防御洪水方案，同样由其共同的上一级人民政府负责制定，即由有关市级人民政府或者省级人民政府制定。③重要江河，即长江、黄河、淮河、海河的防御洪水方案由国家防汛指挥机构制定，报国务院批准。这是因为，重要江河洪水灾害较为严重，防洪任务艰巨，事关大局，并且这些江河流域面积大，每条河流一般都穿越数省，所以本条对其防御洪水方案的制定、审批规定较为严格。

3. 防御洪水方案的法律地位

防御洪水方案是指导各级人民政府防汛抗洪的重要对策和方案，防御洪水方案一经制定、批准，就必须严格执行。为保证防御洪水方案的执行，保证防洪工作的顺利进行，《中华人民共和国防洪法》第四十条规定：防御洪水方案经批准后，有关地方人民政府必须执行；各级防汛指挥机构和承担防汛抗洪任务的部门和单位，必须根据防御洪水方案做好防汛抗洪准备工作。

第三节 《中华人民共和国防震减灾法》

《中华人民共和国防震减灾法》（以下简称《防震减灾法》），对我国防震减灾领域中各个方面的社会关系做了全面的法律规定，是调整防震减灾领域各种社会关系的基本法律规范。

《防震减灾法》是为了防御和减轻地震灾害，保护人民生命和财产安全，促进经济社会的可持续发展而制定的法律。该法由第八届全国人民代表大会常务委员会第二十九次会议于1997年12月29日通过，并于1998年3月1日起施行。2008年12月27日，第十一届全国人民代表大会常务委员会第六次会议对该法进行了修订，修订后的版本自2009年5月1日起施行。

《防震减灾法》共九章九十三条，第一章总则，第二章防震减灾规划，第三章地震监测预报，第四章地震灾害预防，第五章地震应急救援，第六章地震灾后过渡性安置和恢复重建，第七章监督管理，第八章法律责任，第九章附则。

一、地震监测预报与预警

地震监测预报是防震减灾的基础环节。地震监测预报包括监测地震、预测未来地震发生的科学技术工作和地震预报发布的行政管理工作。地震监测预报的科学技术内容包括为获取与地震有关的信息所开展的地震活动与地震前兆信息的检测、传递、处理和分析，以及在此基础上进行的对未来可能发生地震的时域、地域和强度的预测。修订后的《防震减灾法》建立了一系列新措施提升地震监测能力、建立了地震监测信息共享和社会服务制度等。

（一）建立多学科地震监测系统

建立多学科地震监测系统对提高地震监测预报水平起着根本性作用，《防震减灾法》第十七条特别规定要建立多学科地震监测系统。我国地震监测预报采用多手段综合观测、多学科综合分析方式，它涉及的学科很广，包括地球物理学、地球化学、地质学、大地测量学等，几乎覆盖了地球科学的所有领域；同时，也涉及数学、物理学、信息技术、空间技术等。因而，地震监测预报是一项科学性和技术性极强的综合科学技术研究工作。尽管地震监测预报工作在各级政府的大力支持下，经过实施多个五年计划的建设，基本建立了由多学科组成的全国地震监测系统和震情会商系统，但仍不能满足需要。所以，要提高地震监测预报水平，必须建立多学科、功能完备、稳定可靠的地震监测系统，并坚持不懈地在地震预测研究上狠下功夫。

（二）专用地震监测台网和强震动监测设施

《防震减灾法》第十九条规定了水库、油田、核电站等重大建设工程的建设单位建设和管理专用地震监测台网或者强震动监测设施的职责。明确专用地震监测台网或者设置强震动监测设施应当按照国务院有关规定进行，其建设资金和运行经费由建设单位承担。

水库、油田、核电站等重大建设工程建设专用地震监测台网的目的是保障重大建设工程的安全和人员生命财产安全，服务生产，这些台网归属于本企业，是为本单位服务的。这类工程哪些需要建设专用地震监测台网或者强震动监测设施，按照《地震监测管理条例》的规定执行。按照国家事权和财权相统一原则，为本单位服务的专用地震监测台网，其建设资金和运行经费应当由建设单位承担。在水库大坝、核电站等重大建设工程设置强震动监测设施有两个目的。一是与其他地区设置的强震动监测设施一起构成区域性地震烈度速报系统和大地震预警系统，有利于各级人民政府及时掌握地震灾情和灾情发展趋势，有利于管理机构迅速决策，采取地震应急措施。二是通过积累近场强地震动数据，可以制定更科学、更具有实用价值的抗震设计参数。

（三）海域地震活动监测和火山活动监测

减轻地震灾害，需要全社会共同努力。减轻海域地震灾害，尤其需要地震主管部门、海洋主管部门和当地海事管理机构等部门的通力合作。因此，《防震减灾法》第二十二条规定当一旦发生海域地震后，县级以上地方人民政府负责管理地震工作的部门或者机构，应当及时向海洋主管部门和当地海事管理机构等通报情况。及时通报已发生地震的情况，能使这些部门最快地启动地震应急预案，以应对地震对海域工程构筑物、海域设施等可能造成的灾害，使地震灾害减轻到尽可能低的程度，并为海洋主管部门作出海啸预警提供地震资料。火山活动总伴随着地震的发生，火山的喷发还伴有地壳形变、重力、地磁、化学气体变化等现象。因此，可以利用地震监测设施和技术手段，监测预测火山活动。通过对火山地震、地壳形变、重力、地磁、化学气体变化的监测，研究火山的活动规律，预测火山的喷发。

（四）建立地震监测信息共享平台与地震监测信息报送制度

近年来，我国已将信息工作提到战略高度，科学数据管理与共享工作也已纳入各行业或部门的工作规划。有些部委相继成立了专门的信息中心，由信息中心汇集、整理和管理本部门采集的各类数据，并向用户提供信息服务以及相应的技术支撑，成为所在政府部门向社会提供公益性、基础性服务的重要窗口。与此同时，我国科技界积极采用数字化手段采集科学数据，加大对原有历史资料数字化工作的力度，相继建立了一大批科技数据库系统，并开始在互联网上提供信息服务。我国信息化建设已步入信息网络化发展阶段，国家信息基础设施建设蓬勃开展，“信息高速公路”正以极快的速度发展，为科学数据的广泛、方便、快捷共享提供了技术保障。

2004 年 10 月，中国地震局成立了中国地震台网中心，具体承担中国地震局业务工作信息的网络发布和数据共享服务，承担数据共享门户网站的建设与运行管理，以及数字地震、前兆资料库建设与共享技术研究。中国地震台网中心在“十五”期间完成的中国地震局重点项目“中国数字地震观测网络”，包括国家级地震信息服务系统中心 1 个，区域级地震信息服务系统节点 40 个，大中城市地震信息服务系统节点60个，县级地震信息服务系统节点300个，地震台站地震信息服务系统节点300个，高校、科研单位地震信息服务系统节点5个，地震现场地震信息应急通信系统2套。中国地震信息服务系统在上述行业网络的基础上，建设地震数据信息共享系统和网络地震信息服务系统及中国地震局政务信息系统，构成完整的中国地震信息服务系统。

中国地震信息服务系统的建设，保证了国务院抗震救灾指挥部和区域抗震救灾指挥部在大地震时应急指挥信息和通信的需要，以及地震应急响应、监测预报数据信息的快速传递与共享；保证了对我国大陆地震活动的常规监测和日常地震预报跟踪、科学研究的数据信息传递和共享的需要，大大提高了我国地震信息系统的服务能力。

（五）地震重点监视防御区的地震监测工作

《防震减灾法》第三十条第四款规定的地震重点监视防御区的县级以上地方人民政府负责管理地震工作的部门或者机构在落实防震减灾工作的职责中，很重要的一项就是：增加地震监测台网密度。地震监测台网密度关系到地震监测信息的质量和数量，是保障监测结果准确性的基础。地震重点监视防御区意味着它比一般的非重点地区要有所加强，因此在台网密度上要有所增加，以保障地震监测工作得以强化。其他职责包括制定短期与临震预报方案、建立震情跟踪会商制度、提高地震监测预报能力、加强群测群防工作等。

（六）地震烈度速报系统建设

地震烈度速报系统，是强震动观测仪监测系统，一旦发生地震，便可测定不同地区的地震动（烈度）的大小，据此可以快速判断地震致灾程度和灾害分布情况，对指挥抗震救灾工作具有重要的意义。

我国的地震烈度速报系统目前还处于初期建设阶段，2002年完成的首都圈防震减灾示范工程，建立了首都圈地区数字强震台网及地震烈度速报系统。在国家防震减灾大楼建设了强震台网主中心，在北京市、天津市、石家庄市建立了强震台网分中心。目前首都圈范围内建有强震台150个，其中，地震遥测数字台72个，实时传到台网中心；另有50个强震台采用电话拨号方式传输，发生强震后，通过地震触发自动传输数据。按照设计要求，各强震台网中心在区内或邻区强震发生后，实时传输的72个台立即进行烈度速报，采用自动和人机交互两种方式工作，5分钟内给出烈度分布图；拨号电话系统采用全自动方式，10 分钟内给出烈度分布图。该系统建成后还没有经历过大地震，其功能和作用有待检验。

由于我国幅员辽阔，要建设全国地震烈度速报系统，需要相当一段时间。因此，《防震减灾法》第三十一条明确规定国家对全国地震烈度速报系统的建设采取支持的政策，为这一系统建设提供了保障。

（七）地震监测设施和环境

《防震减灾法》第二十三条规定：国家依法保护地震监测设施和地震观测环境。任何单位和个人不得侵占、毁损、拆除或者擅自移动地震监测设施。地震监测设施遭到破坏的，县级以上地方人民政府负责管理地震工作的部门或者机构应当采取紧急措施组织修复，确保地震监测设施正常运行。任何单位和个人不得危害地震观测环境。国务院地震工作主管部门和县级以上地方人民政府负责管理地震工作的部门或者机构会同同级有关部门，按照国务院有关规定划定地震观测环境保护范围，并纳入土地利用总体规划和城乡规划。

地震监测设施和地震观测环境是地震监测工作的基础和条件，为了保证地震监测工作有效开展，《防震减灾法》强调要依法保护地震监测设施和地震观测环境。地震监测设施，是指用于地震信息监测、传输和处理的设备、仪器和装置以及配套的监测场地。地震观测环境，是指按照国家有关标准划定的保障地震监测设施不受干扰、能够正常发挥工作效能的空间范围。地震监测信息是否准确、及时、连续、可靠，是进行震情监视和预测的重要前提条件。因此，保证地震监测系统正常运转，保护地震监测设施及其观测环境不受干扰和破坏是十分重要的。任何单位和个人都应了解地震监测设施和观测环境的重要性，树立保护意识，自觉维护和保护地震监测设施和观测环境，不得侵占、毁损、拆除或者擅自移动地震监测设施，不得危害地震观测环境。同时本条规定，在地震监测设施遭到破坏的情况下，县级以上地方人民政府负责管理地震工作的部门或者机构应当采取紧急措施组织修复，确保地震监测设施正常运行；在保护地震监测设施和地震观测环境的同时，要正确处理其与经济建设的关系，将其纳入土地利用总体规划和城乡规划。

《防震减灾法》第二十四条规定：新建、扩建、改建建设工程，应当避免对地震监测设施和地震观测环境造成危害。建设国家重点工程，确实无法避免对地震监测设施和地震观测环境造成危害的，建设单位应当按照县级以上地方人民政府负责管理地震工作的部门或者机构的要求，增建抗干扰设施；不能增建抗干扰设施的，应当新建地震监测设施。对地震观测环境保护范围内的建设工程项目，城乡规划主管部门在依法核发选址意见书时，应当征求负责管理地震工作的部门或者机构的意见；不需要核发选址意见书的，城乡规划主管部门在依法核发建设用地规划许可证或者乡村建设规划许可证时，应当征求负责管理地震工作的部门或者机构的意见。

本条规定对新建、扩建、改建建设工程提出原则要求，即避免对地震监测设施和观测环境造成危害，有关建设单位应当遵守本条规定的法律义务。同时本条还明确，国家重点建设工程如果确实无法避免对地震监测设施和地震观测环境造成危害的，建设单位应当按照县级以上地方人民政府负责管理地震工作的部门或者机构的要求，增建抗干扰设施，不能增建抗干扰设施的，应当新建地震监测设施。国家重点工程对国家经济建设和社会发展具有重大影响或者重大价值，任何原因影响国家重点建设工程的建设，将对国家社会产生严重的不利影响。因此，在建设国家重点建设工程时，在确实无法避免对地震设施和地震观测环境造成影响的情况下，可以允许其采取相应的补救措施。这是服务于国家经济建设大局的体现，规定这种特例是合理的。要避免新建、扩建、改建建设工程对地震监测环境造成危害，政府相关部门必须采取一定的监管措施，县级以上地方人民政府城乡规划主管部门在核发建设工程的选址意见书或者核发建设用地规划许可证和乡村建设规划许可证时进行严格把关，是最有效的手段。

（八）地震预警

“地震预警”与通常所说的“地震预报”存在本质区别。“地震预警”是指在突发性大震已发生，且尚未造成严重灾害时，提前发出警告并采取相应措施的行动。主要针对重大设施和生命线工程，如核电站、煤气管道、地铁、高速火车等。而“地震预报”则是对尚未发生但有可能发生的地震事件预先发出通告。地震预报包括地点、时间、强度、经济损失和人员伤亡等五个要素。这一预测对社会防灾具有重要意义，有助于政府作出决策，并服务于国民经济和生产。地震预警则是在破坏性地震发生后，对即将到来的灾害抢先发出警告并紧急采取行动。

2005 年 7 月启动修订 1998 年版《防震减灾法》时，中国地震局对地震预警及相关内容进行了深入调研，并在报告中详细论述了“震前预警”“震时预警”和“震后预警”三种类型。“震前预警”的概念与通常意义上的地震预报较为接近，而

"震后预警"则是基于地震趋势的判断，预防可能发生的次生灾害，如海啸、泥石流、滑坡等。

目前，地震预警作为一项制度在我国还处于不成熟阶段，因此没有在2009年5月1日正式施行的《防震减灾法》修订案中得到体现。地震预警与预报的区别、实施现状及未来展望等关键信息对于提高地震灾害应对能力、减少损失具有重要意义。

二、地震灾害预防措施

地震灾害预防是指地震发生之前应做的预防性工作，包括工程性防御措施和非工程性防御措施。工程性防御措施是指对新建、扩建、改建工程必须按照抗震设防要求和工程建设强制性标准进行抗震设防。非工程性防御措施是旨在增强全社会的防震减灾意识，提供避险、自救、互救的能力，以及抗震救灾准备等方面的灾害预防活动。地震灾害预防是防震减灾的关键环节。

（一）抗震设防权限

地震烈度区划图或地震动参数区划图是国家经济建设和国土利用规划的基础资料，为各类规划和决策提供科学依据。《防震减灾法》第三十四条规定，国务院地震工作主管部门负责制定全国地震烈度区划图或者地震动参数区划图。国务院地震工作主管部门和省、自治区、直辖市人民政府负责管理地震工作的部门或者机构，负责审定建设工程的地震安全性评价报告，确定抗震设防要求。

其他任何国家机构无权制定。国务院地震工作主管部门和省、自治区、直辖市人民政府负责管理地震工作的部门或者机构，负责审定建设工程的地震安全性评价报告，确定抗震设防要求，没有这些部门或机构的审定，地震安全性评价结果不得作为抗震设防的依据。国务院地震工作主管部门至今已组织制定了第三代地震烈度区划图和第四代地震动参数区划图，第三代地震烈度区划图和第四代地震动参数区划图的颁布使用，成为一般建设工程的抗震设防要求。同时，为了强化对重大工程和可能产生次生灾害的建设工程的地震安全性评价管理，规范地震安全性评价及其监督管理活动，国务院特别制定了《地震安全性评价管理条例》。

（二）建设工程抗震设防制度

《防震减灾法》中抗震设防要求涉及新改扩建工程、重大工程、已建工程和农村工程，并且要求建设工程的强制性标准应当与抗震设防要求相衔接。

1. 新改扩建工程和重大工程

《防震减灾法》第三十五条规定，新建、扩建、改建建设工程，应当达到抗震设防要求。重大建设工程和可能发生严重次生灾害的建设工程，应当按照国务院有关规定进行地震安全性评价，并按照经审定的地震安全性评价报告所确定的抗震设防要求进行抗震设防。建设工程的地震安全性评价单位应当按照国家有关标准进行地震安全性评价，并对地震安全性评价报告的质量负责。前款规定以外的建设工程，应当按照地震烈度区划图或者地震动参数区划图所确定的抗震设防要求进行抗震设防；对学校、医院等人员密集场所的建设工程，应当按照高于当地房屋建筑的抗震设防要求进行设计和施工，采取有效措施，增强抗震设防能力。

抗震设防要求是指国务院地震工作主管部门，制定或审定的建设工程必须达到的抗御地震破坏标准和在一定风险水准下抗震设计采用的地震烈度或地震动参数。抗震设防要求是在综合考虑地震环境、建设工程的重要程度、工程设防的风险水准及国家经济承受能力和要达到的安全目标等因素的基础上确定的。新建、扩建、改建建设工程的抗震设防要求有两类：一类是地震烈度区划图或者地震动参数区划图，另一类是根据地震安全性评价结果确定的抗震设防要求。依照本条规定，新建、扩建、改建建设工程应当在以下两个方面符合抗震设防要求：一是重大建设工程和可能发生重要次生灾害的建设工程，应当按有关规定进行地震安全性评价，并按照经审定的地震安全性评价的报告所确定的抗震设防要求，进行抗震设防；二是本条第三款规定的重大建设工程和可能发生严重次生灾害的建设工程以外的建设工程，应当按照国家颁布的地震烈度区划图或者地震动参数区划图所确定的抗震设防要求进行抗震设防。重大建设工程和可能发生重要次生灾害的建设工程，是指对社会有重大价值或者有重大影响的工程，以及受地震破坏后可能引发水灾、火灾、爆炸、剧毒或者强腐蚀性物质大量泄漏或其他严重次生灾害的建设工程。同时，考虑学校、医院等场所人员密集的特点，本着以人为本的基本理念，在《防震减灾法》中规定了提高学校、医院等人员密集场所的建设工程的抗震设防要求，这是一项政策性的规定，明确要求对此类建设工程应在地震动参数区划图确定的当地房屋建筑抗震设防要求基础上提高其抗震设防要求。

2. 已建工程

《防震减灾法》第三十九条规定，已经建成的下列建设工程，未采取抗震设防措施或者抗震设防措施未达到抗震设防要求的，应当按照国家有关规定进行抗震性能鉴定，并采取必要的抗震加固措施：①重大建设工程；②可能发生严重次生灾害的建设工程；③具有重大历史、科学、艺术价值或者重要纪念意义的建设工程；④学校、医院等人员密集场所的建设工程；⑤地震重点监视防御区内的建设工程。

对已有建筑物和构筑物进行抗震加固，是我国防震减灾工作的重要内容。经过加固的建筑物和构筑物在近几年内发生的地震中，有的已经经受住了考验，这说明抗震加固确实是保证生产发展和人民生命安全的积极而有效的措施，是减轻地震灾害的重要途径。凡属需要进行抗震加固的建筑物、构筑物进行抗震加固的条件是，必须是已建成的，而且未采取抗震设防措施或者抗震设防措施未达到抗震设防要求的。对于尚未建成的或者正在建的上述五类建筑物、构筑物的抗震设防应当根据《防震减灾法》的规定进行。具体抗震加固方式是必须先根据国家有关规定进行抗震性能鉴定，然后采取相应的加固措施。不进行抗震性能鉴定的，就不能有效地采取必要的抗震加固措施。

3. 农村工程

《防震减灾法》第四十条规定，县级以上地方人民政府应当加强对农村村民住宅和乡村公共设施抗震设防的管理，组织开展农村实用抗震技术的研究和开发，推广达到抗震设防要求、经济适用、具有当地特色的建筑设计和施工技术，培训相关技术人员，建设示范工程，逐步提高农村村民住宅和乡村公共设施的抗震设防水平。国家对需要抗震设防的农村村民住宅和乡村公共设施给予必要支持。

近年来，发生在我国农村地区的地震造成的严重人员伤亡和经济损失，教训惨痛。2008 年汶川大地震中，现场调查发现，许多农村村民住宅和乡村公共设施的倒塌和遭到严重破坏与缺乏基本地震安全技术措施有关，不良的减灾习俗和缺乏科学的指导，导致农村房屋震害特别严重。针对农村地区防震减灾能力薄弱的状况，本条规定了县级以上人民政府加强农村村民住宅和乡村公共设施抗震设防管理职责以及国家对农村村民住宅和乡村公共设施给予必要支持的政策。实施农村民居地震安全工程，是一项长期、复杂的工作，必须采取政府引导、示范试点、逐步推进的方式；必须充分发挥政府部门在农村民居建设中的公共服务职能；必须充分调动广大农民的积极性，增强农民的防震减灾意识；必须转变观念，让农村工匠掌握必要的抗震知识，使农村建房更科学、更合理、利于抗震。各级政府和有关部门要加强对农村地区，特别是少数民族和经济相对落后地区的安全农居工程工作的支持，通过政府给予适当补贴、制定优惠政策，尽快提高农村地区的抗震能力。

4. 工程标准及责任要求

《防震减灾法》第三十六条规定，有关建设工程的强制性标准，应当与抗震设防要求相衔接。

从表面上看，此条是对有关建筑工程的强制性标准的规定，但实际上是对负责制定建设工程强制性标准的部门职责的规定，这是法定的职责，有关部门应当履行。有关建筑工程的强制性标准与抗震设防要求相衔接，是保证建筑工程按照抗震设防要求进行抗震设防的必要条件。本条规定的实施，为建筑工程按照抗震设防要求进行抗震设防提供了法律保护。在实际工作中，工程设计人员必须遵守建设工程的强制性标准，因此负责制定建设工程强制性标准的部门应当将抗震设防要求转化为工程设计人员可操作的设计步骤和计算方法，并纳入有关建设工程的强制性标准，这样才能保证建设工程按照抗震设防要求进行。

同时《防震减灾法》第三十八条规定，建设单位对建设工程的抗震设计、施工的全过程负责。设计单位应当按照抗震设防要求和工程建设强制性标准进行抗震设计，并对抗震设计的质量以及出具的施工图设计文件的准确性负责。施工单位应当按照施工图设计文件和工程建设强制性标准进行施工，并对施工质量负责。建设单位、施工单位应当选用符合施工图设计文件和国家有关标准规定的材料、构配件和设备。工程监理单位应当按照施工图设计文件和工程建设强制性标准实施监理，并对施工质量承担监理责任。

在从事建筑活动的具体过程中，建设单位及设计、施工、监理单位除了要遵守《建设工程质量管理条例》外，还应遵守《防震减灾法》及相关的工程建设强制性标准，如《建筑抗震设计规范》《构筑物抗震设计规范》等，以保证建设工程符合抗震设防要求和工程建设强制性标准。

（三）地震避难设施和重点监视防御区

《防震减灾法》第四十一条和第四十二条，分别对应急避难通道、场所和重点监视防御区做了规定，要求城乡规划应当根据地震应急避难的需要，合理确定应急疏散通道和应急避难场所，统筹安排地震应急避难所必需的交通、供水、供电、排污等基础设施建设。地震重点监视防御区的县级以上地方人民政府应当根据实际需要，在本级财政预算和物资储备中安排抗震救灾资金、物资。

通过总结过去地震应急避难的经验和教训，从2003年起，国家就开始推进应急避难场所建设，把应急避难工作做在地震发生之前，在震前就做好应急准备，这是贯彻“以人为本”、建立和谐社会的需要，也是建立安全城市的需要。第四十一条规定，将应急疏散通道和应急避难场所规划和建设纳入城乡规划，明确城乡规划应当根据地震应急避难的需要，合理确定应急疏散通道和应急避难场所，并统筹安排地震应急避难所必需的交通、供水、供电、排污等基础设施建设。

而地震重点监视防御区一旦确定，即表明这些地区或城市，在未来10～15年，存在发生地震灾害的危险，所以重点监视防御区也就是全国开展防震减灾工作的重点地区。对于地震重点监视防御区，在地方财政预算和物资储备中安排适当的抗震救灾资金和物资，是重点监视防御区防震减灾工作的加强措施之一，是重点监视防御区地震灾害预防工作，特别是非工程性预防的重要措施之一。

（四）应急宣传和演练

《防震减灾法》第四十四条规定，县级人民政府及其有关部门和乡、镇人民政府、城市街道办事处等基层组织，应当组织开展地震应急知识的宣传普及活动和必要的地震应急救援演练，提高公民在地震灾害中自救互救的能力。

机关、团体、企业、事业等单位，应当按照所在地人民政府的要求，结合各自实际情况，加强对本单位人员的地震应急知识宣传教育，开展地震应急救援演练。学校应当进行地震应急知识教育，组织开展必要的地震应急救援演练，培养学生的安全意识和自救互救能力。新闻媒体应当开展地震灾害预防和应急、自救互救知识的公益宣传。国务院地震工作主管部门和县级以上地方人民政府负责管理地震工作的部门或者机构，应当指导、协助、督促有关单位做好防震减灾知识的宣传教育和地震应急救援演练等工作。

地震应急知识主要指应急准备、应急预案、应急防震、应急避难、疏散与自救互救、灾情速报、谣言的识别等方面的知识。地震应急知识是防震减灾知识的重要内容，是公民应知应会的基本常识，对于增强公民防震减灾意识、提高在地震灾害中自救互救的能力、减少人员伤亡、减轻灾害损失具有关键性作用。地震应急演练是提高社会应急能力的生动活泼的好形式。地震应急演练是一种实践活动，人们通过亲身体验，获得地震应急知识，收效快且印象深刻，知识保持长久。由此可见，地震应急演练影响面广，是提高社会应急能力效果突出的好方法。因此，各级政府及有关部门、基础组织、机关、团体、企业、事业单位、学校、新闻媒体、地震工作主管部门或机构等均应按照本条规定，积极组织开展地震应急知识的宣传普及活动和必要的地震应急救援演练。

三、地震应急救援与恢复重建

（一）地震应急救援

建立良好的地震应急救援机制，是做好防震减灾工作、保证公共安全的重要措施。《防震减灾法》根据《中华人民共和国突发事件应对法》的有关规定，对地震应急预案制度做了进一步完善，增加了抗震救灾指挥部运行机制、救援力量统一指挥、地震灾害紧急救援队伍建设、国际救援等方面的规定。

1. 分别明确规定了各级、各类地震应急预案的制定主体、程序和内容

国务院地震工作主管部门会同国务院有关部门制定国家地震应急预案，报国务院批准。国务院有关部门根据国家地震应急预案，制定本部门的地震应急预案，报国务院地震工作主管部门备案。

县级以上地方人民政府及其有关部门和乡、镇人民政府，应当根据有关法律、法规、规章、上级人民政府及其有关部门的地震应急预案和本行政区域的实际情况，制定本行政区域的地震应急预案和本部门的地震应急预案。省、自治区、直辖市和较大的市的地震应急预案，应当报国务院地震工作主管部门备案。

交通、铁路、水利、电力、通信等基础设施和学校、医院等人员密集场所的经营管理单位，以及可能发生次生灾害的核电、矿山、危险物品等生产经营单位，应当制定地震应急预案，并报所在地的县级人民政府负责管理地震工作的部门或者机构备案。

地震应急预案的内容应当包括组织指挥体系及其职责，预防和预警机制，处置程序，应急响应和应急保障措施等。

地震应急预案应当根据实际情况适时修订。

2. 强化紧急救援队伍的建设和国际救援的组织协调

《防震减灾法》规定，国务院和省级人民政府应当按照一队多用、专职与兼职相结合的原则，建立地震灾害紧急救援队伍；地震灾害紧急救援队伍应当配备相应

的装备、器材，组织开展培训和演练。国务院地震工作主管部门会同有关部门和单位，组织协调外国救援队和医疗队在中国开展地震灾害紧急救援活动。

3. 明确地震灾害的分级和地震应急预案的启动

《防震减灾法》规定地震灾害分为特别重大、重大、较大和一般四级，并对启动地震应急预案的权限做了明确规定。

4. 具体规定抗震救灾工作的组织指挥

《防震减灾法》规定，地震灾害发生后，抗震救灾指挥机构应当立即组织有关部门和单位迅速查清受灾情况，提出地震应急救援力量的配置方案，迅速组织抢救被压埋人员，抢修毁损的基础设施，做好紧急医疗救护、协调伤员转移和接收救治。特别重大地震灾害发生后，国务院抗震救灾指挥机构在地震灾区成立现场指挥部，统一组织领导、指挥和协调抗震救灾工作。政府及有关部门和单位、中国人民解放军、中国人民武装警察部队和民兵组织应当按照统一部署，分工负责，密切配合，共同做好地震应急救援工作。政府应当组织有关部门采取有效措施，防范次生灾害以及传染病疫情的发生。

5. 规范震情灾情信息的上报与发布制度

《防震减灾法》规定，政府应当及时将地震震情和灾情等信息向上一级政府报告，并按照国务院的有关规定实行归口管理、统一发布。

（二）灾后过渡性安置

过渡性安置，是妥善安排受灾群众生活、稳定人心、维护社会秩序的重要环节，是灾后恢复重建的基础性工作。为了进一步规范过渡性安置工作，在总结汶川地震灾后过渡性安置经验的基础上，《防震减灾法》对过渡性安置方式、安置点的选址和用地、政府在过渡性安置中的责任以及尽快恢复生产等做了明确规定。

（三）灾后恢复重建

地震发生后，快速、高效地恢复重建，是减轻地震灾害、保障人民群众正常生产生活的重要环节。《防震减灾法》对震后恢复重建作出以下规定。

1. 明确政府在实施恢复重建中的责任

《防震减灾法》规定，各级人民政府应当加强对地震灾后恢复重建工作的领导、组织和协调，并根据地震灾后恢复重建规划和当地经济社会发展水平，有计划、分步骤地组织实施地震灾后恢复重建。

2. 明确恢复重建规划的编制主体和审批程序

《防震减灾法》规定，特别重大地震灾害发生后，国务院经济综合宏观调控部门会同国务院有关部门与地震灾区的省、自治区、直辖市人民政府共同组织编制地震灾后恢复重建规划，报国务院批准后组织实施；重大、较大、一般地震灾害发生后，由地震灾区的省、自治区、直辖市人民政府组织编制恢复重建规划。

3. 规范城镇、乡村以及重建工程的选址

《防震减灾法》规定，需要异地新建的城镇和乡村以及重建工程的选址，应当避开地震活动断层或者生态脆弱和可能发生灾害的区域以及传染病自然疫源地。

4. 规定恢复重建应当坚持政府主导、社会参与和市场运作相结合

《防震减灾法》规定，地震灾区的地方各级人民政府应当组织受灾群众和企业开展生产自救，自力更生、艰苦奋斗、勤俭节约，尽快恢复生产。国家给予财政支持、税收优惠和金融扶持，并积极提供物资、技术和人力等方面的支持。

5. 明确调查评估、清理保护、心理援助等规定

《防震减灾法》对恢复重建中的调查评估、灾害现场的清理保护、基础设施和公共服务设施以及乡村的恢复重建、有关档案资料的抢救和保护、心理援助和就业服务等工作都作出了明确规定。

第四节 《气象灾害防御条例》

《气象灾害防御条例》是为了加强气象灾害的防御，避免、减轻气象灾害造成的损失，保障人民生命财产安全而制定的法规。该条例根据《中华人民共和国气象法》制定，适用于中华人民共和国领域和中华人民共和国管辖的其他海域内的气象灾害防御活动。

该条例于2010年1月27日中华人民共和国国务院令第570号公布，根据2017年10月7日《国务院关于修改部分行政法规的决定》修订。《气象灾害防御条例》共六章四十八条，第一章总则，第二章预防，第三章监测、预报和预警，第四章应

急处置，第五章法律责任，第六章附则。首次施行日期为2010年4月1日。

《气象灾害防御条例》是继《人工影响天气管理条例》之后，我国制定的第二部与《中华人民共和国气象法》相配套的气象行政法规。在制定过程中，《气象灾害防御条例》不仅总结了我国气象灾害防御工作的历史经验，而且高度概括和集中体现了《国务院关于加快气象事业发展的若干意见》（国发〔2006〕3号）、《国务院办公厅关于进一步加强气象灾害防御工作的意见》（国办发〔2007〕49号）等党中央、国务院的一系列方针、政策。此外，《气象灾害防御条例》还从气象灾害的预防、监测预报和预警、灾后处置以及法律责任等方面，对气象灾害防御作出了系统的规范。它的颁布实施，标志着我国气象灾害防御工作步入了依法管理的轨道，对于我国的气象法制建设以及加强气象灾害防御工作，增强气象灾害防御能力，有效避免、减轻气象灾害造成的损失，保障经济社会发展和人民生命财产安全等都具有重要意义。

除《气象灾害防御条例》之外，我国还出台了一系列关于气象灾害防御的法规和规范性文件，如《国家气象灾害应急预案》《国家气象灾害防御规划2009—2020年》等，充分表明了国家对气象灾害防御工作的高度重视，也增加了做好气象灾害防御工作的紧迫性。与气象灾害防御相关的法律法规和规范文件将汇成推动气象灾害防御工作发展的强大合力。

一、气象灾害的监测与预警

及时准确地监测、预报和预警，是做好气象灾害防御工作的重要前提。准确、及时地监测并获取气象信息，制作、发布气象预报与预警，对保障经济建设顺利进行和保护人民生命财产安全具有重要的作用。《气象灾害防御条例》主要规定了气象灾害监测设施、灾害性天气警报和气象灾害预警信号统一发布制度、气象灾害预警信息发布系统、气象灾害预警信号接收和播发设施、基层气象应急专门人员等。

（一）加强监测能力建设，整合气象监测信息资源

《气象灾害防御条例》第二十八条规定，县级以上地方人民政府应当加强移动气象灾害监测设施建设，做好跨地区、跨部门的联合监测，加强灾害易发区的监测工作，完善灾害信息共享制度。第二十九条规定了各级气象主管机构应对灾害性天气监测、预报以及气象灾害进行联合监测。

气象灾害发生后，密切跟踪气象灾害的发展趋势，做好气象灾害的监测，及时为各级政府和部门提供准确的气象灾害信息是整个应急响应行动的基础。经过多年的建设和发展，我国初步建成了综合气象观测系统，各级气象主管机构基本实现了县县有站点，在气象灾害监测和服务中发挥了重要作用。但是，由于灾害性天气的发生发展具有突发性、局地性、发展迅速等特点，各级气象主管机构所属的气象观测站点尚不能满足局地灾害性天气监测的需要，特别是不能满足发生范围小、持续时间短、地方性特征明显的中小尺度灾害性天气监测的需要。另外，各级气象主管机构所属的气象站点基本上是固定的，缺少机动性，不能满足在气象灾害发生的现场和附近开展监测的需要，为气象灾害防御决策、抗灾救灾和灾害评估提供更加充分完整准确的依据。为了解决这一问题，迫切需要以现有气象灾害监测系统为基础，根据气象灾害防御的需求，加快建设应急移动气象灾害监测设施，增强气象灾害监测的机动性，与固定站点优势互补，提高气象灾害监测能力和时效。因此，规定县级以上地方人民政府应当承担建设应急移动气象灾害监测设施，完善气象灾害监测体系的责任。应急移动气象灾害监测设施建设的主体是县级以上人民政府，各级气象主管机构要在政府的领导下，发挥优势，积极参与应急移动气象灾害监测设施建设和运行的组织与管理，做好技术支持工作，确保发挥效益。同时，县级以上地方人民政府应当根据当地气象灾害监测的需要，建立专职或兼职的气象灾害监测队伍，加强气象灾害监测知识和技能的培训，确保气象灾害监测工作顺利开展。应急移动气象灾害监测设施，包括气象应急移动指挥、气象应急移动观测、气象应急移动预报和气象应急移动通信等设施。这些监测设施必须在国务院气象主管机构或省级气象主管机构的统一规划、统一标准、统一规范下进行建设。

除各级气象主管机构所属的气象台站外，水利、交通、海洋、兵团、农垦、森工、盐业等部门或行业，根据各自的需要也建设了一些气象台站和气象灾害监测网络。同时，水利、农业、规划、国土、交通、财政等部门乃至公共媒体，都在采取不同手段，通过各种途径收集雨情、水情、旱情等各种气象灾害信息。构建多部门协作共享的气象灾害监测信息平台，充分发挥有关部门的作用，快速、准确地收集各部门的气象灾害监测信息，统一标准、统一要求，互联互通，对各部门或行业气象灾害监测信息网络进行有效整合，可以减少重复建设，有效发挥各类气象灾害信息的作用，提高气象防灾减灾及时性、有效性，增强政府决策的准确性。由于这项工作涉及各部门或行业的密切协作，只有在政府领导、组织和协调下，才能很好地开展这项工作。因此，《气象灾害防御条例》规定县级以上人民政府应当整合完善气象灾害监测信息网络，实现信息资源共享。

气象预报和灾害性天气警报是气象工作中极其重要的组成部分，是气象为国民经济、国防建设、社会发展和人民生活提供服务的主要手段。准确、及时地制作和发布气象预报与灾害性天气警报，是防御和减轻日益严重的气象灾害的核心环节。作为唯一具有向社会公开发布公众气象预报和灾害性天气警报职能的各级气象主管机构及其所属的气象台站，必须根据经济社会发展不断提高的新需求，大力发展以提高预报预测准确率和精细化为核心的气象预报预测业务，重点围绕数值预报业务系统建设、专业化监测预报业务和技术系统研发、多种观测资料综合分析应用、集约化预报业务流程调整与完善以及专家型预报员团队建设等方面的发展和建设，不断完善和加强气象预报系统建设，提高灾害性天气预报、警报的准确性和时效性，为气象防灾减灾提供决策依据。因此，《气象灾害防御条例》规定各级气象主管机构及其所属的气象台站应当完善灾害性天气的预报系统，提高灾害性天气预报、警报的准确率和时效性。

气象防灾减灾工作涉及气象、水利、农业、林业、规划、国土、交通、财政、民政、电信等部门和公共媒体等，需要多部门密切协作，全社会共同努力。因此，各级气象主管机构所属的气象台站、其他有关部门所属的气象台站和与灾害性天气监测、预报有关的单位，应当根据气象灾害防御的需要，按照《中华人民共和国气象法》赋予和国务院“三定”方案明确的职责开展监测工作，并及时向气象主管机构和有关灾害防御、救助部门提供雨情、水情、风情、旱情等监测信息，为气象灾害防御、救助决策提供依据。

（二）规范预报、预警行为

《气象灾害防御条例》第三十条规定，各级气象主管机构所属的气象台站应当按照职责向社会统一发布灾害性天气警报和气象灾害预警信号。气象灾害预警信号的种类和级别，由国务院气象主管机构规定。

中央气象台与省级气象主管机构所属的气象台分别负责发布我国领域及本台责任区内的灾害性天气警报和气象灾害预警信号；中央气象台及沿海省级气象台还需分别负责发布所承担的责任海区范围内的灾害性天气警报和气象灾害预警信号，并根据天气变化情况及时补充或者订正。省级及以下各级气象主管机构所属的气象台站分别负责发布本台站责任区内及责任海区范围内的气象灾害预警信号。

灾害性天气警报，是指行将发生对国计民生有严重危害的灾害性天气时，由各级气象主管机构所属的气象台站针对某种灾害性天气，对可能危及的区域以天气预报的形式向公众发布的紧急通报，具有一定的警示作用。灾害性天气警报以文字形式为主，内容包括气象灾害的类别、预警级别、起始时间、可能影响范围、影响程度、警示事项、应采取的措施和发布机关等。同时，灾害性天气警报根据灾害性天气影响的不同程度配以不同颜色，一般用蓝色、黄色、橙色和红色。目前，常见的有台风警报、暴雨警报、强对流天气警报、大风警报等，这些灾害性天气警报可以提示人们警觉即将来临的灾害危险，采取适当的避灾、自救措施，以达到减灾效果。

气象灾害预警信号，是指针对行将发生的气象灾害影响而发布的预警信号，具有较强的警示作用。中国气象局 16 号令《气象灾害预警信号发布与传播办法》将预警信号分为台风、暴雨、暴雪、寒潮、大风、沙尘暴、高温、干旱、雷电、冰雹、霜冻、浓雾、霾、道路结冰 14 类，由名称、图标、标准和防御指南组成。预警信号的级别根据气象灾害可能造成的危害程度、紧急程度和发展态势一般划分为四级：Ⅳ级（一般）、Ⅲ级（较重）、Ⅱ级（严重）和Ⅰ级（特别严重），依次用蓝色、黄色、橙色和红色表示，并以中文标识，每个图标都配有相应的灾害防御措施。

《气象灾害防御条例》第四十六条规定：擅自向社会发布灾害性天气警报、气象灾害预警信号的；广播、电视、报纸、电信等媒体未按照要求播发、刊登灾害性天气警报和气象灾害预警信号的；传播虚假的或者通过非法渠道获取的灾害性天气信息和气象灾害灾情的，由县级以上气象主管机构责令改正，给予警告，可以处五万元以下的罚款；构成违反治安管理行为的，由公安机关依法给予处罚。其目的是保障气象防灾减灾工作能很好开展，尽最大可能减少损失。气象灾害跟老百姓的生活息息相关，如果气象灾害预警信息不准确、不权威，很可能造成严重影响。因此，《气象灾害防御条例》专门规定，各级气象主管机构所属的气象台站，是唯一能够发布灾害性天气警报和预警信号的，其他任何单位和个人不能擅自发布。

（三）加强灾害信息传播

多种手段互补的气象灾害预警信息发布系统和接收、播发设施，是保证各类气象灾害预警信息在灾害性天气来临前畅通无阻地传递到全社会和人民群众的重要手段，是县级以上地方人民政府构建气象灾害防御体系中的重要组成部分。目前，由各级气象主管机构所属的气象台站制作的气象灾害预警信息主要是通过气象灾害预警信息发布系统及时向全社会发布、传递的。《气象灾害防御条例》第三十二条对建设气象灾害预警信息发布系统和信息接收、播发设施作出规定。气象灾害预警信息发布系统泛指国家广播系统、卫星专用广播电视系统、无线电数据系统、专用海洋气象广播短波电台、移动通信群发系统、中国气象频道等。灾害性天气警报、气象灾害预警信号的接收和播发设施种类较多，一般是指广播电视、电话、报刊、手机短信、电子显示屏、有线广播、互联网等，目前常见的易于在特定场所设置和安装的有各种电子显示屏、小区大喇叭等设施，尤其是电子显示屏在街道、社区、乡镇和人员密集的公共场所都可以安装。这些发布系统、接收和播发设施作为广播、电视、报纸、电信等媒体的有效补充，可以更好地将气象灾害预警信息及时传递给社会公众，尤其是人员密集场所，有效扩大了气象灾害预警信息传播覆盖面。因此，县级以上地方人民政府应当重视建立和完善气象灾害预警信息发布系统，根据气象灾害防御的需要，增加在特定区域气象灾害预警信息的接收和播发设施建设，并将此列入地方政府气象灾害防御体系中统一规划、建设和管理，建立起“政府领导、部门联动、社会参与”的气象灾害防御机制。

二、气象灾害的防御措施

（一）气象灾害普查和评估

气象灾害普查是全面做好气象灾害防御的重要工作之一，也是气象灾害管理中的一项基础性工作，还是开展气象灾害风险区划和气象灾害风险评估工作的基础和依据。可以说，没有气象灾害普查结果，就无法开展气象灾害风险区划和气象灾害风险评估。因此，《气象灾害防御条例》要求地方各级人民政府按照国家防灾减灾有关规划和要求，综合考虑当地自然灾害特点，统筹安排经费投入，组织气象等有关部门认真开展历史气象灾害普查和每日气象灾害上报工作。气象灾害普查工作的主要内容是以县为普查地域单元，以灾害性天气过程和极端气候事件为普查时间单元，全面调查收集本行政区域历史上发生气象灾害的种类、频次、强度、造成的损失以及可能引发气象灾害及次生、衍生灾害等要素，以省为单位进行数据统计分析、质量控制和汇总上报。根据这些普查数据，建立全国气象灾害数据库以及气象灾情典型案例库，并根据气象灾害的发生情况和特点，定期对数据库进行更新和充实。

气象灾害风险评估是一项综合研究气象灾害危险性、承灾体脆弱性的工作，它以气象灾害普查数据为基础，通过确定气象灾害损失指标，建立灾情序列，制定致灾因子等级指标，构建致灾因子概率分布函数，建立气象灾害风险评估模型。气象灾害风险评估可以对历史上的灾害防御、救灾及灾后重建方案、应急预案提供科学依据；也可以对可能发生的气象灾害进行评估，通过对灾害可能造成的影响进行估算与测算，预判灾害的等级和可能造成的危害，为当地政府采取有效的气象灾害应急防御部署和措施提出合理化建议。例如，我国湖南、贵州、广西、云南等地山区的“雷击村”，由于这些村落所处的气候环境条件以及地形地物特征等，雷电灾害事故不断，特别是每到雷雨季节便经常发生雷击人员伤亡、牲畜伤亡、树断物毁等事故，村民对“雷”既恨又怕，但又无计可施。得知有关情况后，当地气象部门在政府支持下，组织防雷技术服务机构对“雷击村”进行了雷电灾害风险评估，通过实地勘察调查、统计分析气候条件和雷电活动规律、划分雷击高发区、评估承灾体的易损性和抗灾能力等工作，针对农村实际条件，提出在特定点安装雷电防护装置、统筹规划村落布局和建设、科学铺设电力线和电话线、普及防雷常识等综合解决方案，起到了很好的防御效果，使“雷击村”村民不再长年遭受雷击之灾。

（二）编制防御规划

《气象灾害防御条例》规定，国务院气象主管机构应当会同国务院有关部门，根据气象灾害风险评估结果和气象灾害风险区域，编制国家气象灾害防御规划，报国务院批准后组织实施。县级以上地方人民政府应当组织有关部门，根据上一级人民政府的气象灾害防御规划，结合本地气象灾害特点，编制本行政区域的气象灾害防御规划。气象灾害防御规划应当包括气象灾害发生发展规律和现状、防御原则和目标、易发区和易发时段、防御设施建设和管理以及防御措施等内容。国务院有关部门和县级以上地方人民政府应当按照气象灾害防御规划，加强气象灾害防御设施建设，做好气象灾害防御工作。这些规定进一步明确了气象灾害防御规划的编制程序、内容和规划的效力。

气象灾害防御规划是各级人民政府统一部署一定时期内气象防灾减灾工作的指导性文件，是政府依法加强领导，落实有关政策，协调各部门工作，动员社会力量，开展气象防灾减灾工作的重要途径和手段。编制气象灾害防御规划的目的是贯彻气象防灾减灾工作方针，针对当地气象灾害影响的程度和防御的重点，明确气象防灾减灾工作在一定时期内的指导思想、原则和目标以及各方面工作的任务、措施，使气象防灾减灾工作在当地政府统一领导下协调、有序进行，并与国民经济建设和社会发展相适应。为贯彻党中央、国务院关于做好气象灾害防御工作的一系列指示精神，落实《中华人民共和国气象法》《国务院办公厅关于进一步加强气象灾害防御工作的意见》（国办发〔2007〕49 号）关于制定气象灾害防御规划的任务，目前《国家气象灾害防御规划（2009—2020 年）》已编制完毕，并已正式公布。

（三）制定防御管理体制机制

政府领导、部门配合、社会参与的灾害防御机制是做好气象灾害应对工作的组织保障。气象防灾减灾工作是一项系统性强、涉及面广、关注度高的综合性工作，直接关系到经济建设、社会发展和人民生命财产的安全，涉及气象、水利、农业、规划、国土、交通、财政、电信等部门和公共媒体，需要多部门密切协作，全社会共同努力，必须由政府进行领导、组织和协调才能很好地开展这项工作。

（1）明确各级人民政府加强领导，组织建立联防制度。《气象灾害防御条例》规定，县级以上人民政府应当加强气象灾害防御工作的组织、领导和协调，将气象灾害防御纳入本级国民经济和社会发展规划，所需经费纳入本级财政预算。气象灾害防御工作涉及两个以上行政区域的，有关地方人民政府、有关部门应当建立联防制度，加强信息沟通和监督检查。

（2）动员社会力量参与气象灾害防御工作。《气象灾害防御条例》规定，居民委员会、村民委员会、企业事业单位应当协助本地人民政府做好气象灾害防御知识的宣传和气象灾害应急演练工作。任何单位和个人应当配合当地人民政府、有关部门实施的灾害预防措施和应急处置措施。鼓励公民、法人和其他组织在气象灾害发生后开展自救互救。

（3）加强农村地区气象灾害防御工作。《气象灾害防御条例》规定，各级人民政府、有关部门应当加强农村气象灾害预防、监测、信息传播等基础设施建设，将农业主产区、森林、草原、渔场等作为气象灾害监测的重点区域。乡（镇）人民政府、街道办事处应当确定人员，协助气象主管机构、民政部门开展气象灾害防御知识宣传、应急联络、信息传递、灾害报告和灾情调查等工作。

由各级政府综合统筹、指挥，完善多部门参与的决策协调机制，建立全社会广泛参与的行动机制，从而使“政府主导、部门联动、社会参与”的气象灾害防御体系落到实处，可以高效应对灾害，最大限度地保护人民生命财产安全，尽最大可能避免气象灾害造成的影响和后果。因此，《气象灾害防御条例》明确规定，气象灾害防御工作实行以人为本、科学防御、部门联动、社会参与的原则。县级以上人民政府应当加强对气象灾害防御工作的组织、领导和协调，将气象灾害的防御纳入本级国民经济和社会发展规划，所需经费纳入本级财政预算。国务院气象主管机构和国务院有关部门应当按照职责分工，共同做好全国气象灾害防御工作。

地方各级气象主管机构和县级以上地方人民政府有关部门应当按照职责分工，共同做好本行政区域的气象灾害防御工作。气象灾害防御工作涉及两个以上行政区域的，有关地方人民政府、有关部门应当建立联防制度，加强信息沟通和监督检查。公民、法人和其他组织有义务参与气象灾害防御工作，在气象灾害发生后开展自救互救。

三、气象灾害应急处置

（一）制定气象灾害应急预案

气象灾害涉及社会运行的各个层面，对各行各业都可能造成严重影响，任何一个部门和单位都无法单独完成对气象灾害的有效控制。

为了建立高效快捷的部门联动机制，形成整体合力，提高对气象灾害事件发生发展从预警、响应到灾后恢复重建全过程的综合管理和处置能力，确实保证应急处置效能，《气象灾害防御条例》第三十四条第二款规定：县级以上地方人民政府、有关部门应当根据灾害性天气警报、气象灾害预警信号和气象灾害应急预案启动标准，及时作出启动相应应急预案的决定，向社会公布，并报告上一级人民政府；必要时，可以越级上报，并向当地驻军和可能受到危害的毗邻地区的人民政府通报。

县级以上地方人民政府应当根据灾害性天气影响范围、强度，将可能造成人员伤亡或者重大财产损失的区域临时确定为气象灾害危险区，并及时予以公告。县级以上地方人民政府、有关部门应当根据气象灾害发生情况，依照《中华人民共和国突发事件应对法》的规定及时采取应急处置措施；情况紧急时，及时动员、组织受到灾害威胁的人员转移、疏散，开展自救互救。

气象灾害应急预案启动后，各级气象主管机构应当组织所属的气象台站加强对气象灾害的监测和评估，启用应急移动气象灾害监测设施，开展现场气象服务，及时向本级人民政府、有关部门报告灾害性天气实况、变化趋势和评估结果，为本级人民政府组织防御气象灾害提供决策依据。

县级以上人民政府有关部门应当按照各自职责，做好相应的应急工作；气象、水利、国土资源、农业、林业、海洋等部门应当根据气象灾害发生的情况，加强对气象因素引发的衍生、次生灾害的联合监测，并根据相应的应急预案，做好各项应急处置工作；广播、电视、报纸、电信等媒体应当及时、准确地向社会传播气象灾害的发生、发展和应急处置情况。

县级以上地方人民政府及其有关部门应当根据气象主管机构提供的灾害性天气发生、发展趋势信息以及灾情发展情况，按照有关规定适时调整气象灾害级别或者作出解除气象灾害应急措施的决定。

按照这些规定实施气象灾害的应急处置，可以使极端天气事件的防御由单纯靠政府发紧急通知、行政命令等方式，逐步转变为在信息资源共享之下的政府和有关部门及全社会共同的自觉行动；可以形成部门联动、全社会积极参与的防灾工作格局。

（二）规范应急处置工作

积极有效的应急处置是减少气象灾害损失的重要手段，《气象灾害防御条例》对此做了以下规定。

1. 规范气象灾害应急预案的启动和解除

县级以下地方人民政府、有关部门应当根据灾害性天气警报、气象灾害预警信号和气象灾害应急预案标准，及时作出启动预案的决定；根据灾害性天气发展趋势以及灾情发展情况，适时调整灾害级别或者解除应急措施。

由于不同的气象灾害种类特点不同，应对措施也不一样。为取得应急成效的最大化，各地区、各部门在接收到气象灾害预报预警信息后，要根据掌握的当前各地有关人口、社会、经济运行状况以及其他信息，密切关注天气变化及灾害发展趋势，组织力量进行深入分析，评估可能造成的影响和危害，尤其是对本地区、本部门风险隐患的影响情况，要有针对性地提出预防措施，落实抢险队伍和物资，做好启动应急响应的各项准备工作。根据气象灾害可能发生的程度和影响范围及其可能引发的次生、衍生灾害类别，县级以上地方人民政府、有关部门应及时启动应急预案，并公开向社会公布。

启动应急预案时，必须同时报告上一级人民政府，一是因为一些涉及范围广、持续时间长、影响程度大的气象灾害并非某一级地方政府能够单独应对的，需要上级政府在人力、财力和物力上的投入和支持；二是因为统一的信息系统要求下级人民政府必须向上级人民政府及时报告与气象灾害相关的信息，使上级人民政府及时了解有关情况，以便在其职责范围内统筹计划，必要时统一领导应对工作。在可能会发生特别重大气象灾害的情况下县级以上地方人民政府可以越级上报。当地驻军是指驻扎在当地的中国人民解放军、中国人民武装警察部队和民兵组织，由于他们是基层应急救援队伍的中坚力量，及时向当地驻军以及可能受到危害的邻近或者相关地区的人民政府通报有关气象灾害预警信息，以便早预防、早准备，可切实提高应对气象灾害的主动性和有效性。

2. 规范地方人民政府应当采取的应急措施

《气象灾害防御条例》规定，县级以上地方人民政府应当根据灾害性天气影响范围、强度，将可能造成人员伤亡或者重大财产损失的区域临时确定为气象灾害危险区，并及时予以公告。

气象灾害危险区是指气象灾害的气象要素超过其极端值，可能造成人员伤亡和严重经济损失的地区。只有气象危险性因子以及承载体所处的外部环境共同作用才能产生灾害，因此气象灾害危险区的确定是一项极具科学性的工作，必须在掌握气候背景的基础上，根据灾害性天气影响范围、强度，结合当地的人文、地理和经济社会基础数据，采取科学的方法，确定出不同级别的气象灾害危险区。由于气象灾害的可预报性，确定出的气象灾害危险区具有较大的危险性，负责应急处置工作的各级人民政府应当及时采取措施，包括标明危险区域，必要时应封闭危险区域并划定警戒区，限定人员出入。所有这些控制性措施必须及时通过媒体以通告的形式予以公告，以便处于危险区内的广大公众及相关单位提前做好防范。

《气象灾害防御条例》第三十六条规定：县级以上地方人民政府、有关部门应当根据气象灾害发生情况，依照《中华人民共和国突发事件应对法》的规定及时采取应急处置措施；情况紧急时，及时动员、组织受到灾害威胁的人员转移、疏散，开展自救互救。

《中华人民共和国突发事件应对法》规定应采取的应急处置措施有多种，但具体究竟采取哪些应急措施，应当根据气象灾害的种类、当时成灾的具体情况而定，而且当气象灾害的威胁和危害得到控制或消除后，应当及时停止相关应急处置措施。情况紧急是指气象灾害可能危及公民生命时，行政机关通过动员等方式，将在气象灾害危险区受到威胁的人员转移疏散到安全地带，并通过自救互救，妥善解决受到威胁人员的衣、食、住等问题。这里采取的应急转移、疏散必须是在应急情况下，具有以下特征：一是应急转移、疏散的时间是在灾害即将来临时，具有紧迫性；二是应急转移、疏散的依据是人员将面临巨大的威胁，如果不紧急转移、疏散很可能造成人员重大伤亡；三是应急转移、疏散的内容是指将安全受到威胁的民众紧急转移到安全地带；四是应急转移、疏散的目的是最大限度地减少人员伤亡。

3. 规范各有关部门在应急处置中的职责

《气象灾害防御条例》规定，气象灾害发生后，县级以上人民政府有关部门应当按照各自的职责做好气象灾害跟踪监测、救灾物资供应和灾民安置、医疗救护和卫生防疫、公用设施运行保障、社会治安维护、农业抗灾指导、水量调度等工作。

当气象灾害应急预案启动后，密切跟踪气象灾害的发展趋势，做好气象灾害的监测和评估，及时为各级政府和部门提供准确的气象灾害信息是整个应急响应行动的基石，也是各级气象主管机构的重要职责和应急处置任务。气象灾害评估是依据灾害性天气发展变化趋势，应用风险管理理论，对气象灾害的风险进行科学分析和判断，为各级政府和部门提前预防、有效应对提供科学决策。气象灾害评估贯穿应急的全过程，灾前应努力对可能发生的气象灾害进行预评估，有针对性地提出预防措施和对策；灾中应为政府提供实时的气象灾情和灾害发展趋势预报信息，并对气象灾害可能造成的危害进行跟踪评估；灾后应加强灾情的收集、调查，对灾害危害作出最后评估，为政府科学有效地组织灾后恢复重建、实施防灾避灾措施提供决策依据。由于气象灾害易发生在边远山区，有时距离现有监测台站较远，观测到的气象数据不能完全反映现场气象灾害的状况，而且按照应急预案要求，只有当发生特别重大气象灾害时，各级政府才会建立现场指挥部进行应急指挥，也需要现场气象服务的保障。因此，各级气象主管机构应当按照地方政府应急处置气象灾害的需要，组织所属的气象台站启用应急移动气象灾害监测设施，包括气象应急指挥车、移动便携气象观测设备、移动气象台等进行现场观测和预报预警，为应急指挥提供精细化的气象服务。

气象灾害防御工作涉及社会生活的各个领域，必须在政府的统一领导、组织和协调下，通过多部门密切协作，全社会共同努力做好这项工作。当气象灾害发生后，各有关部门应当按照各自的职责做好气象灾害跟踪监测、救灾物资供应和灾民安置、医疗救护和卫生防疫、公用设施运行保障、社会治安维护、农业抗灾指导、水量调度等工作。《气象灾害防御条例》中仅仅是对气象灾害中的各部门共性职责进行了归纳和明确，但不仅限于《气象灾害防御条例》所提的部门，实际上由于气象灾害的种类不同，影响程度和范围不同，涉及的所有部门都应该按照有关法律、法规、规章的规定做好相应的应急响应工作，比如，在应对台风和大风灾害时，还需要海洋部门密切关注管辖海域风暴潮和海浪发生发展动态，及时发布预警信息。教育部门根据气象灾害防御指引、提示，通知幼儿园、托儿所、中小学和中等职业学校做好停课准备，避免在突发大风时段上学放学。民航部门做好航空器转场，重要设施设备防护、加固，做好运行计划调整和旅客安置工作等。

第五节 《地质灾害防治条例》

《地质灾害防治条例》于2003年11月19日国务院第29次常务会议通过，2003年11月24日中华人民共和国国务院令第394号公布，自2004年3月1日起施行。《地质灾害防治条例》是我国第一部有关地质灾害防治的行政法规，旨在防治地质灾害，避免和减轻地质灾害造成的损失，维护人民生命和财产安全，促进经济和社会的可持续发展。《地质灾害防治条例》的制定，进一步完善了我国关于灾害防治、应急以及救助的法律制度，标志着地质灾害防治工作进入了规范化、法制化的新轨道。它的施行，为加强地质灾害防治管理工作、有效预防和减少地质灾害的发生、最大限度地避免和减少地质灾害造成的人员伤亡和经济损失提供了法律保障，对促进我国经济和社会可持续发展具有重要的意义。

《地质灾害防治条例》共七章四十九条，第一章总则，第二章地质灾害防治规划，第三章地质灾害预防，第四章地质灾害应急，第五章地质灾害治理，第六章法律责任，第七章附则。该条例在总结多年积累的地质灾害防治工作经验的基础上，确立了三项原则、五项制度和五项防灾措施。

一、地质灾害的预防与监测

根据《地质灾害防治条例》第二条，地质灾害是指包括自然因素或者人为活动引发的危害人民生命和财产安全的山体崩塌、滑坡、泥石流、地面塌陷、地裂缝、地面沉降等与地质作用有关的灾害。第四条按照人员伤亡、经济损失的大小，将地质灾害分为四个等级：特大型、大型、中型和小型。

（一）地质灾害调查与规划

《地质灾害防治条例》第十条规定，国家实行地质灾害调查制度。国务院国土资源主管部门会同国务院建设、水利、铁路、交通等部门结合地质环境状况组织开展全国的地质灾害调查。县级以上地方人民政府国土资源主管部门会同同级建设、水利、交通等部门结合地质环境状况组织开展本行政区域的地质灾害调查。

地质灾害调查是为了解地质灾害基本状况、分布规律和发展趋势而进行的工作。主要工作内容包括调查地质灾害的位置、类型、规模、环境地质条件和发展趋势、影响范围、可能造成的人员伤亡和经济损失，在此基础上，提出防治工作建议等。地质灾害调查是制定地质灾害防治规划、建立地质灾害信息系统、划定地质灾害易发区和危险区、编制年度地质灾害防治方案、进行地质灾害监测和预报、组织治理地质灾害所必不可少的前期基础性工作，对地质灾害防治管理具有十分重要的作用。

当山体崩塌、滑坡、泥石流等对人民生命和财产安全造成危害和潜在威胁时，才能称为“地质灾害”，因此，地质灾害调查不同于一般的地质矿产调查，不一定必须按一定的比例进行，而应当根据人口分布、居住状况和社会经济活动来开展工作。按照地质灾害调查的性质，地质灾害调查可分为基础调查和应急调查。基础调查是区域性的常规性调查；应急调查是针对将要发生和业已发生灾害点的专门调查，其目的是针对一个具体灾害点查明其发生的原因、提出具体避让和防治措施。

地质灾害调查是一项范围广、涉及部门多的公益性工作，为了保障地质灾害调查的科学性，必须发挥各有关部门的作用。因此，《地质灾害防治条例》明确规定国土资源主管部门和建设、水利、铁路、交通等部门是地质灾害调查的主体。县级以上人民政府国土资源主管部门应当会同同级建设、水利、交通等部门结合地质环境状况组织开展本行政区域的地质灾害调查。地质灾害调查分为四级进行，国务院国土资源行政主管部门组织开展特大型地质灾害的应急调查和区域性的地质灾害基础调查，负责制定地质灾害调查技术要求；省、市（地、州）、县国土资源主管部门组织开展大、中、小型地质灾害的应急调查和本省、市（地、州）、县行政区域的地质灾害基础调查。

（二）监测预警体系建设

《地质灾害防治条例》第十四条规定，国家建立地质灾害监测网络和预警信息系统。县级以上人民政府国土资源主管部门应当会同建设、水利、交通等部门加强对地质灾害险情的动态监测。因工程建设可能引发地质灾害的，建设单位应当加强地质灾害监测。

建立地质灾害监测网络是做好地质灾害防治工作的基础和前提，也是预报预警最基本的手段。对于自然引发的危害公共安全的地质灾害监测，其所需的经费应当根据总则规定的地质灾害分级管理原则，分别列入各级人民政府的财政预算，具体工作则应当由国土资源主管部门会同建设、水利、交通等部门进行；对于由建设工程引发的地质灾害，监测责任单位则为建设单位。我国监测点主要部署在成灾可能波及的范围，其监测对象主要包括危险性大、稳定性差、成灾概率高、灾情严重和对集镇、村庄、工矿及重要居民点人民生命安全构成威胁的地质灾害。

《地质灾害防治条例》第十五条规定，地质灾害易发区的县、乡、村应当加强地质灾害的群测群防工作。在地质灾害重点防范期内，乡镇人民政府、基层群众自治组织应当加强地质灾害险情的巡回检查，发现险情及时处理和报告。国家鼓励单位和个人提供地质灾害前兆信息。

地质灾害的重点防范期，就是每年的主汛期，突发性地质灾害大部分是强降雨引发的，而且每年汛期灾害造成的人员伤亡和经济损失占全年的 80% 以上，且大部分造成人员伤亡的地质灾害发生在经济欠发达的山区，因此地质灾害易发地区的群测群防工作对避免人员伤亡尤其重要。目前，我国已经建立起较为完善的汛期巡查、值班、速报、督查制度。

地质灾害前兆信息是监测和判别地质灾害的重要依据。鼓励有关单位和个人提供地质灾害前兆信息对及时采取应急措施，预防地质灾害，避免和减轻灾害损失具有十分重要的作用。

（三）地质灾害预报制度

《地质灾害防治条例》第十七条规定，国家实行地质灾害预报制度。预报内容主要包括地质灾害可能发生的时间、地点、成灾范围和影响程度等。地质灾害预报由县级以上人民政府国土资源主管部门会同气象主管机构发布。任何单位和个人不得擅自向社会发布地质灾害预报。

地质灾害预报制度，是指在地质灾害防治过程中为了避免或者减轻地质灾害给人民生命和财产造成的损失，针对不同地质灾害实行事先预报的一项基本法律制度。它有利于防患于未然，早准备早应对，针对不同的灾害危险采取相应的措施，保护人民生命和财产安全。特定的地质环境是地质灾害形成的控制因素，降水与不合理的人类工程活动是引发地质灾害的重要因素。因此，预报地质灾害必须根据地质灾害隐患点的稳定状态，综合考虑地质灾害的引发因素，判断地质灾害的危险性和可能发生的时段。

发生地点，是指地质灾害危险体所处的具体地理位置。地质灾害发生地点预报，主要是通过现场调查或者勘查查明其形成的地质条件和引发因素，准确地圈定地质灾害危险体的具体位置。

（四）危险性评估和资质管理制度

《地质灾害防治条例》第二十一条第一款规定，在地质灾害易发区内进行工程建设应当在可行性研究阶段进行地质灾害危险性评估，并将评估结果作为可行性研究报告的组成部分；可行性研究报告未包含地质灾害危险性评估结果的，不得批准其可行性研究报告。

凡是从事地质灾害危险性评估和地质灾害防治工程勘查、设计、施工及管理的单位，都必须经省级以上国土资源主管部门对其资质条件进行审查，取得相应的资质证书后，方可在资质等级许可范围内从事相应工作。

经评估认为可能引发地质灾害或者可能遭受地质灾害危害的建设工程，地质灾害治理工程的设计、施工和验收应当与主体工程的设计、施工、验收同时进行。配套的地质灾害治理工程未验收或者验收不合格的，主体工程不得投入生产或者使用。

二、地质灾害的应急处置与救援

国家制定了突发性地质灾害应急预案，明确了应急机构和有关部门的职责分工、抢险救援人员的组织和应急装备、资金、物资的准备等。发生地质灾害时，县级以上人民政府应启动并组织实施相应的应急预案，及时组织抢险救灾工作。

（一）应急预案启动

《地质灾害防治条例》第二十五条规定，国务院国土资源主管部门会同国务院建设、水利、铁路、交通等部门拟订全国突发性地质灾害应急预案，报国务院批准后公布。县级以上地方人民政府国土资源主管部门会同同级建设、水利、交通等部门拟订本行政区域的突发性地质灾害应急预案，报本级人民政府批准后公布。

突发性地质灾害应急预案，是指经一定程序事先制定的应对突发性地质灾害的行动方案。编制突发性地质灾害应急预案，是贯彻落实地质灾害防治工作以预防为主方针的重要措施。由于地质灾害形成、发生的时间短、破坏性大，往往会造成人员伤亡，因此，应急预案的编制和实施，对减轻地质灾害损失，特别是减少人员伤亡，具有十分重要的意义。

当地质灾害发生后，应根据实际情况及时启动应急预案，所以《地质灾害防治条例》第三十条做了相应的规定：地质灾害发生后，县级以上人民政府应当启动并组织实施相应的突发性地质灾害应急预案。有关地方人民政府应当及时将灾情及其发展趋势等信息报告上级人民政府。禁止隐瞒、谎报或者授意他人隐瞒、谎报地质灾害灾情。

能否减轻地质灾害的损失在很大程度上取决于灾后应急工作是否及时有效。突发性地质灾害发生后，县级以上人民政府应当及时启动和组织实施本级地质灾害应急预案，并按照地质灾害等级的规定成立抢险救灾指挥机构，开展灾情收集、报告与评估，抢险救援和转移安置灾民，应急保障，请求支援，次生灾害预防，灾后恢复与重建等各方面抢险救灾活动。为了防止隐瞒、谎报或授意他人隐瞒、谎报地质灾害灾情，保证灾害信息和灾害后果报告的准确和畅通，本条例还特别规定禁止隐瞒、谎报或授意他人隐瞒、谎报地质灾害灾情。同时，规定了相应的法律责任。

（二）抢险救灾指挥机构

发生地质灾害时，应根据具体情况成立应急指挥机构。《地质灾害防治条例》第二十七条规定，发生特大型或者大型地质灾害时，有关省、自治区、直辖市人民政府应当成立地质灾害抢险救灾指挥机构。必要时，国务院可以成立地质灾害抢险救灾指挥机构。发生其他地质灾害或者出现地质灾害险情时，有关市、县人民政府可以根据地质灾害抢险救灾工作的需要，成立地质灾害抢险救灾指挥机构。地质灾害抢险救灾指挥机构由政府领导负责、有关部门组成，在本级人民政府的领导下，统一指挥和组织地质灾害的抢险救灾工作。

地质灾害应急工作涉及社会的方方面面，而且具有紧急性、集中性、需要快速反应和高层决策的特点，为了保证决策的统一性和行动的协调性，在地质灾害发生后，成立地质灾害抢险救灾指挥机构是十分必要的。根据本条的规定，特大型和大型地质灾害发生后，有关省、自治区、直辖市人民政府应当成立抢险救灾指挥机构，组织有关部门实施地质灾害应急预案。发生特大级和社会影响特大的地质灾害，国务院可以成立国家级抢险救灾指挥机构。发生中型和小型地质灾害或者出现地质灾害险情时，市、县人民政府应当成立抢险救灾指挥机构。抢险救灾指挥机构应当遵循政府统一领导、部门各负其责的原则。地质灾害预警信号发布后，国家机关、社会团体、企业事业单位应当按照地质灾害应急预案和抢险救灾指挥机构的部署，组织人员疏散避险、救助遇险人员、采取措施，组织人员对电源、水源、气源、热源实施有效管理，排除险情，保障人身和财产安全。

（三）灾害应急措施

《地质灾害防治条例》第三十一条和第三十二条规定了在地质灾害应急中，各级人民政府有关部门的职责分工，以及县级以上人民政府紧急调集权和紧急控制措施。包括以下几点。

（1）向灾民提供救济，做好灾民安置工作是迅速恢复灾区社会正常生活、生产秩序的前提，也是各级民政部门的重要职责。因此，地质灾害发生后，民政部门应当迅速设置灾民避难场所和救济物资供应点，调配、发放救济物品，妥善安排灾民生活，做好灾民的转移和安置工作。

（2）交通通信保障是保证应急工作及时有序的重要条件和必要前提。供电、供水、供气系统是重要的生命线工程，迅速恢复供电、供水、供气系统是灾区恢复社会正常生活、生产秩序的重要保障。因此，地质灾害发生后，交通、电力、通信、市政部门应当依照职责采取有效措施，尽快抢修恢复交通、通信、供电、供水、供气等保障人民基本生活；对灾害体尚存危害部分采取紧急防护措施，避免再次发生灾害。

（3）医疗救护、卫生防疫和药品供应，是地质灾害应急工作中的首要任务。地质灾害发生后，卫生、医药和其他有关部门应当按照职责及时做好伤员的医疗救护、药品供应和卫生防疫工作，确保人员的救治，有效防止和控制传染病的暴发流行。

（4）确保灾区的社会治安和交通秩序是一项非常重要的工作，是地质灾害应急的可靠保障。地质灾害发生后，公安机关应当按照职责积极维护灾区社会治安和交通秩序，督促检查落实重要场所和救灾物资的安全保卫工作。

（5）气象服务保障是地质灾害应急的重要依据。气象主管机构应当配合地质灾害的救助，做好气象服务保障工作。

（6）查明地质灾害发生原因、影响范围等情况，提出应急治理措施，减轻和控制地质灾害灾情，是地质灾害应急的基础性工作，也是一项综合性工作。地质灾害发生后，国土资源主管部门应当充分发挥综合职能，在抢险救灾机构的统一指挥下，具体负责灾害信息的调查、收集、整理和上报，进行灾情评估和提出灾后重建总体设想及治理措施等。

为了抢险救灾和维护社会秩序，在紧急情况下，实行包括交通管制、对生活必需品等统一发放、临时征用房屋、土地、运输工具、通信设备和调配抢险物资设备、请求支援等紧急调集权和紧急控制措施是十分必要的。但采取紧急控制措施也是有限制的。一是国家级抢险救灾指挥机构有权在全国范围或者跨省、自治区、直辖市范围，省级、市级、县级抢险救灾指挥机构有权在本行政区域，紧急调集人员，调用政府储备的物资、备用的交通工具和相关的设施、设备。二是临时调用单位和个人的物资、设施、设备或者占用其房屋、土地的，事后应当及时归还；如果造成损失的，应当给予相应的补偿。不能借用紧急救灾之名而随意调用和占有单位和个人的物资、设施、设备或者占用其房屋、土地。

三、地质灾害防治的监督管理

（一）政府职责

《地质灾害防治条例》第七条规定，国务院国土资源主管部门负责全国地质灾害防治的组织、协调、指导和监督工作。国务院其他有关部门按照各自的职责负责有关的地质灾害防治工作。县级以上地方人民政府国土资源主管部门负责本行政区域内地质灾害防治的组织、协调、指导和监督工作。县级以上地方人民政府其他有关部门按照各自的职责负责有关的地质灾害防治工作。

（1）本条规定了国务院国土资源主管部门对全国地质灾害防治工作的组织、协调、指导和监督。关于国务院国土资源主管部门在地质灾害防治工作中的职责，根据《自然资源部职能配置、内设机构和人员编制规定》的有关规定，自然资源部负责拟定地质灾害管理办法，组织编制和实施滑坡、山体崩塌、泥石流、地面沉降与塌陷等地质灾害防治规划并对执行情况进行监督检查，组织协调地质灾害防治，指导地质灾害动态监测、评价和预报。

（2）国务院其他有关部门按照各自的职责负责有关的地质灾害防治工作。地质灾害防治工作是一项社会系统工程，需要各有关部门的共同努力才能做好。其中主要涉及国务院建设、水利、铁路、交通等部门应当在本部门职责范围内协助做好全国地质灾害现状调查、全国地质灾害防治规划编制、加强地质灾害险情的动态监测、全国突发性地质灾害应急预案的编制等工作；在发生特大型或者大型突发性地质灾害需要启动全国突发性地质灾害应急预案时，国务院建设、水利、交通、民政、卫生、食品药品监督管理、商务、公安、通信、航空、铁路部门和气象主管机构应当按照《地质灾害防治条例》第三十一条规定的职责，做好相应的抢险救灾工作。同时，也应对本部门下级机关做好相关地质灾害防治工作进行必要的监督检查、指导和帮助。另外，由国务院财政部门负责安排中央地质灾害防治经费的落实；项目审批等主管部门对部分地质灾害防治工作中的行为，如批准未包含地质灾害危险性评估结果的可行性研究报告等进行处罚。

地质灾害防治工作离不开地方人民政府的支持，同时，地质灾害防治工作也是地方各级人民政府的一项重要职责。《地质灾害防治条例》第六条规定了县级以上人民政府应当加强对地质灾害防治工作的领导，组织有关部门采取措施，做好地质灾害防治工作。县级以上国土资源主管部门应当在本级人民政府的领导下，负责本行政区域地质灾害防治的组织、协调、指导和监督。县级以上地方人民政府其他有关部门按照各自的职责负责有关的地质灾害防治工作。这主要涉及县级以上地方人民政府建设、水利、交通等部门应当在本部门职责范围内协助做好本行政区域地质灾害的现状调查、防治规划编制、险情动态监测、年度地质灾害防治方案拟订、突发性地质灾害应急预案拟订工作；在发生地质灾害时，根据《地质灾害防治条例》第三十一条的规定，县级以上地方人民政府建设、水利、交通等部门应当协助本级国土资源主管部门尽快查明有关情况，提出应急治理措施；民政、卫生、食品药品监督管理、商务、公安部门应当做好灾民安置、医疗救护、卫生防疫、药品供应、社会治安工作；气象主管机构应当做好气象服务保障；通信、航空、铁路、交通部门应当做好通信保障和救灾物资、设备、药物、食品的运送工作。另外，由地方各级人民政府财政部门负责安排本行政区域地质灾害的防治经费的落实；项目审批等主管部门对本行政区域地质灾害防治工作中的行为进行执法。

（二）地质灾害治理

地质灾害治理是事关人民生命财产安全的大事，也是政府维护社会公共安全的重要职责之一。为了完善地质灾害防治投入机制，保障地质灾害治理资金和治理责任的落实，《地质灾害防治条例》专章对地质灾害治理做了规定。

《地质灾害防治条例》主要规定了地质灾害治理经费的来源渠道、地质灾害治理责任的划分、地质灾害勘查设计和施工及监理单位资格的审查、地质灾害治理工程的验收及其管护责任等。

早在《地质灾害防治条例》的第三章“地质灾害预防”中就提出了配套建设的地质灾害治理工程与主体工程同时设计、施工和验收的规定。在第五章“地质灾害治理”又对承担工程勘查、设计、施工和监理的单位做了进一步要求。

政府投资的地质灾害治理工程经验收合格后，由组织治理工程的县级以上人民政府国土资源主管部门指定的单位负责管理和维护；管理和维护费用应该纳入治理工程总体预算。工程建设等人为活动引发的地质灾害，其治理工程经验收合格后由负责治理的责任单位负责管理和维护。如果责任单位因异地施工等不能承担管理和维护工作，可以委托有管理维护能力的其他单位承担管理维护工作，但是其费用由责任单位全部承担。

地质灾害治理工程设施是永久性的，是依法应当予以保护的财产，而且，侵占、损坏、破坏地质灾害治理工程设施，可能重新引发地质灾害。因此，绝不允许任何人、任何单位侵占、损坏和破坏。在地质灾害治理工程设施严重阻碍了更为重要的建设工程的情况下，可以进行变动、关闭或拆除，但必须采取新的治理方案，以保证原治理工程保护的人民生命财产安全。变动、关闭和拆除以及实施新的治理方案所需费用，纳入新的建设工程经费预算。

（三）法律责任

县级以上地方人民政府、国土资源主管部门和其他有关部门，建设单位，地质灾害危险性评估单位，地质灾害治理工程勘查、设计、施工、监理单位，以及其他单位和个人违反《地质灾害防治条例》规定时应承担法律后果。根据地质灾害防治管理工作的性质和特点，其法律责任的形式包括行政法律责任、刑事法律责任和民事法律责任。

《地质灾害防治条例》从以下几个方面分别规定了相关法律责任：一是关于县级以上地方人民政府、国土资源主管部门和其他有关部门渎职行为的；二是关于建设单位违反地质灾害预防义务规定行为的；三是关于有关单位违反地质灾害治理义务规定行为的；四是关于在地质灾害危险区从事可能引发地质灾害活动的；五是关于地质灾害危险性评估单位以及地质灾害治理工程勘查、设计、施工、监理单位行为的；六是关于伪造、变造和买卖地质灾害危险性评估资质证书以及地质灾害治理工程勘查、设计、施工和监理资质证书的；七是关于非法侵占、损毁、损坏地质灾害监测设施或者地质灾害治理工程设施应承担的法律责任的。

《地质灾害防治条例》通过预防监测、应急响应、监督管理三个维度的制度设计，构建了“事前防范、事中处置、事后追责”的全链条管理体系。具体条款体现了政府主导、部门协同、社会参与的防治原则，为保障人民生命财产安全提供了法律依据。

复习与思考

一、单项选择题

1. 根据《中华人民共和国防洪法》，防洪规划应当由（　　）批准。

A. 省级人民政府　　B. 国务院水行政主管部门

C. 国务院　　D. 应急管理部

2. 《中华人民共和国防震减灾法》规定，特别重大地震灾害的应急处置工作由（　　）负责。

A. 县级人民政府　　B. 省级人民政府

C. 国务院抗震救灾指挥机构　　D. 中国地震局

3. 根据《气象灾害防御条例》，气象灾害预警信号的发布主体是（　　）。

A. 当地人民政府　　B. 气象主管机构所属的气象台站

C. 应急管理部门　　D. 防汛抗旱指挥部

4. 《地质灾害防治条例》规定，地质灾害治理工程的设计和施工应当由（　　）承担。

A. 具有相应资质的单位　　B. 当地村委会

C. 自然资源部门　　D. 工程建设单位

5.《中华人民共和国防洪法》规定，在紧急防汛期，防汛指挥机构可以采取的紧急措施不包括（　　）。

A. 调用物资设备　　B. 取土占地

C. 拆除妨碍行洪的建筑物　　D. 限制交通通行

6. 根据《中华人民共和国防震减灾法》，地震应急预案应当至少每（　　）年修订一次。

A. 2 年　　B. 3 年　　C. 5 年　　D. 10 年

7.《气象灾害防御条例》要求，学校、医院等公共场所的气象灾害应急演练应至少每年进行（　　）。

A. 1 次　　B. 2 次　　C. 3 次　　D. 4 次

8. 根据《地质灾害防治条例》，地质灾害险情预警分为（　　）个等级。

A. 2　　B. 3　　C. 4　　D. 5

9.《中华人民共和国防洪法》规定，蓄滞洪区的安全建设规划由（　　）制定。

A. 国务院水行政主管部门　　B. 省级人民政府

C. 县级人民政府　　D. 自然资源部

10.《中华人民共和国防震减灾法》规定，地震重点监视防御区的划定由（　　）负责。

A. 国务院　　B. 中国地震局　　C. 省级人民政府　　D. 应急管理部

二、多项选择题

1. 根据《中华人民共和国防洪法》，下列行为被明令禁止的是（　　）。

A. 在河道内种植高秆作物　　B. 在行洪区建设妨碍行洪的建筑物

C. 擅自填堵原有河道沟汊　　D. 在防汛期进行水上娱乐活动

E. 未经批准占用蓄滞洪区土地

2.《地质灾害防治条例》中规定的地质灾害类型包括（　　）。

A. 滑坡　　B. 泥石流　　C. 地面塌陷　　D. 地震

E. 火山喷发

3. 根据《气象灾害防御条例》，气象灾害应急预案应包括（　　）。

A. 应急指挥体系与职责　　B. 预警信息发布机制

C. 灾害损失赔偿标准　　D. 应急处置措施

E. 灾后重建计划

4.《中华人民共和国防震减灾法》规定，地震监测台网的建设和运行管理由（　　）负责。

A. 国务院地震工作主管部门　　B. 省级人民政府

C. 县级人民政府　　D. 科研机构

E. 企业单位

5. 根据《中华人民共和国防洪法》，下列属于防汛指挥机构职权的是（　　）。

A. 组织防汛检查　　B. 调度防洪工程

C. 发布洪水预报　　D. 征收防汛经费

E. 实施交通管制

6.《地质灾害防治条例》要求，地质灾害易发区的工程建设项目应进行(　　)。

A. 地质灾害危险性评估　　B. 环境影响评价

C. 抗震设防审查　　D. 专家论证

E. 公众听证

7. 根据《气象灾害防御条例》，气象灾害防御规划应包括（　　）。

A. 防御目标与任务　　B. 风险区划

C. 预警信息传播方式　　D. 灾后重建资金分配

E. 防御设施建设

8.《中华人民共和国防震减灾法》规定，地震灾后恢复重建应遵循的原则包括（　　）。

A. 政府主导　　B. 社会参与

C. 市场运作　　D. 群众自救

E. 对口支援

9.《中华人民共和国防洪法》规定，下列区域应当划定为防洪保留区的是(　　)。

A. 行洪通道　　B. 蓄滞洪区

C. 防洪保护区　　D. 河道管理范围

E. 水库淹没区

10.《气象灾害防御条例》要求，学校、医院等公共场所应采取的防御措施有（　　）。

A. 制定应急预案　　B. 定期开展应急演练

C. 安装避雷设施　　D. 储备应急物资

E. 购买商业保险

三、简答题

1. 简述《地质灾害防治条例》中地质灾害防治的原则。
2. 根据《中华人民共和国防洪法》，防洪工作应遵循哪些基本原则？
3. 《中华人民共和国防震减灾法》规定的防震减灾规划包括哪些主要内容？
4. 《气象灾害防御条例》中提到的气象灾害预警信号分为哪几级？
5. 简述《地质灾害防治条例》中地质灾害治理工程的验收程序。

第五章

公共卫生应急管理法律法规

学习目标

知识目标	（1）掌握突发公共卫生事件的定义、涵盖范围和主要特征。 （2）熟悉《突发公共卫生事件应急条例》的各项条款和核心要点。
技能目标	（1）能够运用条例知识准确判断突发公共卫生事件中的行为是否合法合规。 （2）学会运用法律知识制定切实可行的突发公共卫生事件应对方案。
职业道德和素养目标	强化学生在公共卫生应急管理中的法律意识、责任担当，培育尊重生命、守护公众健康的职业道德。

知识图谱

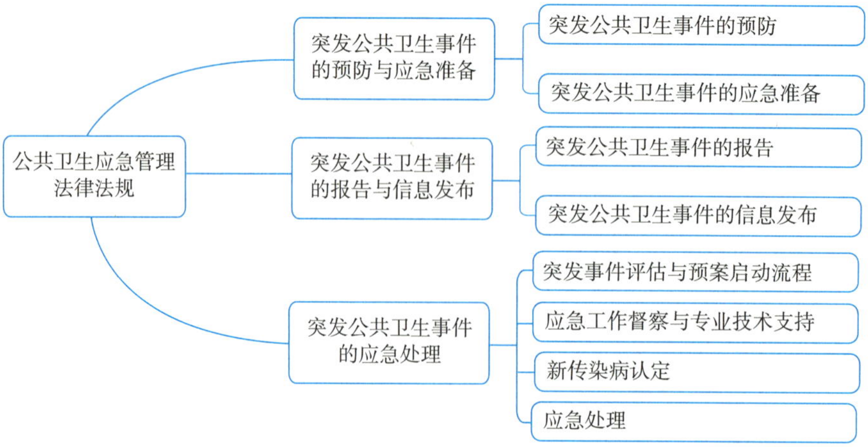

当前，突发公共卫生事件应急的主要依据为《突发公共卫生事件应急条例》（国务院第 376 号令），于 2003 年 5 月 7 日经国务院第 7 次常务会议通过，2003 年 5 月 9 日发布，自发布之日起施行，共六章五十四条。

2005 年《中华人民共和国治安管理处罚法》颁布，取代了原来的《治安管理处罚条例》。由于法律法规衔接的需要，2011 年 1 月 8 日依据《国务院关于废止和修改部分行政法规的决定》对《突发公共卫生事件应急条例》进行了修订，对《突发公共卫生事件应急条例》中与《治安管理处罚条例》相关的条款进行调整，将《突发公共卫生事件应急条例》中引用的“治安管理处罚条例”修改为“治安管理处罚法”，以保持与新的法律体系相衔接，确保在处理突发公共卫生事件过程中，涉及治安管理等方面的法律适用准确、统一。

在我国公共卫生应急管理法律体系里，《突发公共卫生事件应急条例》占据着无可替代的关键地位，是应对突发公共卫生事件的核心法律依据。它作为专门针对突发公共卫生事件制定的法规，具备高度专业性和针对性，详细规划了从预防、报告到应急处理各环节的工作流程与责任主体，使应急管理工作有章可循。

同时，它也是对《中华人民共和国传染病防治法》等相关法律的重要补充，覆盖范围更广，《中华人民共和国传染病防治法》侧重于传染病的防治工作，而《突发公共卫生事件应急条例》则更广泛地涵盖了重大传染病疫情、群体性不明原因疾病、重大食物和职业中毒等各类突发公共卫生事件，进一步细化和拓展了应急管理内容，极大地增强了法律在应对突发公共卫生事件时的可操作性。

《突发公共卫生事件应急条例》明确规定了在突发公共卫生事件中保障公众身体健康与生命安全的目标，将公众权益放在首位。通过构建应急报告制度、信息发布制度等一系列机制，助力公众及时获取准确信息，参与并监督应急处理过程，切实维护自身合法权益。此外，条例明确了政府、部门和相关单位在应急处理中的职责，还制定了对违法行为的惩处措施，有力保障了应急处理工作有序开展，有效避免了因突发事件引发社会混乱，对维护社会秩序和稳定起到了至关重要的作用。

第一节 突发公共卫生事件的预防与应急准备

一、突发公共卫生事件的预防

突发公共卫生事件（以下简称突发事件），是指突然发生，造成或者可能造成社会公众健康严重损害的重大传染病疫情、群体性不明原因疾病、重大食物和职业中毒以及其他严重影响公众健康的事件。

国务院卫生行政主管部门按照分类指导、快速反应的要求，制定全国突发事件应急预案，报请国务院批准。省、自治区、直辖市人民政府根据全国突发事件应急预案，结合本地实际情况，制定本行政区域的突发事件应急预案。

全国突发事件应急预案应当包括以下主要内容：

（1）突发事件应急处理指挥部的组成和相关部门的职责；

（2）突发事件的监测与预警；

（3）突发事件信息的收集、分析、报告、通报制度；

（4）突发事件应急处理技术和监测机构及其任务；

（5）突发事件的分级和应急处理工作方案；

（6）突发事件预防、现场控制，应急设施、设备、救治药品和医疗器械以及其他物资和技术的储备与调度；

（7）突发事件应急处理专业队伍的建设和培训。

突发事件应急预案应当根据突发事件的变化和在实施中发现的问题及时进行修订、补充。

国家建立统一的突发事件预防控制体系。县级以上地方人民政府应当建立和完善突发事件监测与预警系统。县级以上各级人民政府卫生行政主管部门，应当指定机构负责开展突发事件的日常监测，并确保监测与预警系统的正常运行。

监测与预警工作应当根据突发事件的类别，制订监测计划，科学分析、综合评价监测数据。对早期发现的潜在隐患以及可能发生的突发事件，应当依照《突发公共卫生事件应急条例》规定的报告程序和时限及时报告。

二、突发公共卫生事件的应急准备

（一）培训与教育

地方各级人民政府应当依照法律、行政法规的规定，做好传染病预防和其他公共卫生工作，防范突发事件的发生。县级以上各级人民政府卫生行政主管部门和其他有关部门，应当对公众开展突发事件应急知识的专门教育，增强全社会对突发事件的防范意识和应对能力。

县级以上地方人民政府卫生行政主管部门，应当定期对医疗卫生机构和人员开展突发事件应急处理相关知识、技能的培训，定期组织医疗卫生机构进行突发事件应急演练，推广最新知识和先进技术。

（二）物资保障

国务院有关部门和县级以上地方人民政府及其有关部门，应当根据突发事件应急预案的要求，保证应急设施、设备、救治药品和医疗器械等物资储备。

县级以上各级人民政府应当加强急救医疗服务网络的建设，配备相应的医疗救治药物、技术、设备和人员，提高医疗卫生机构应对各类突发事件的救治能力。

设区的市级以上地方人民政府应当设置与传染病防治工作需要相适应的传染病专科医院，或者指定具备传染病防治条件和能力的医疗机构承担传染病防治任务。

第二节 突发公共卫生事件的报告与信息发布

一、突发公共卫生事件的报告

（一）突发公共卫生事件的报告制度

《突发公共卫生事件应急条例》第十九条规定，国家建立突发事件应急报告制度。国务院卫生行政主管部门制定突发事件应急报告规范，建立重大、紧急疫情信息报告系统。有下列情形之一的，省、自治区、直辖市人民政府应当在接到报告1小时内，向国务院卫生行政主管部门报告：

（1）发生或者可能发生传染病暴发、流行的；

（2）发生或者发现不明原因的群体性疾病的；

（3）发生传染病菌种、毒种丢失的；

（4）发生或者可能发生重大食物和职业中毒事件的。

国务院卫生行政主管部门对可能造成重大社会影响的突发事件，应当立即向国务院报告。

（二）突发公共卫生事件的报告时限

国家建立了严谨的突发事件应急报告制度，国务院卫生行政主管部门制定了详细的应急报告规范，并搭建起重大、紧急疫情信息报告系统。当出现发生或者可能发生传染病暴发流行、发生或者发现不明原因的群体性疾病、发生传染病菌种毒种丢失、发生或者可能发生重大食物和职业中毒事件等情形时，省、自治区、直辖市人民政府应在接到报告 1 小时内，迅速向国务院卫生行政主管部门报告。国务院卫生行政主管部门对于可能造成重大社会影响的突发事件，必须立即向国务院报告。

突发事件监测机构、医疗卫生机构和有关单位发现有按照《突发公共卫生事件应急条例》规定的须报告的情形时，应当在 2 小时内向所在地县级人民政府卫生行政主管部门报告；接到报告的卫生行政主管部门应当在 2 小时内向本级人民政府报告，并同时向上级人民政府卫生行政主管部门和国务院卫生行政主管部门报告。县级人民政府应当在接到报告后 2 小时内向设区的市级人民政府或者上一级人民政府报告；设区的市级人民政府应当在接到报告后 2 小时内向省、自治区、直辖市人民政府报告。

（三）突发公共卫生事件报告要求与处理

任何单位和个人对突发事件，不得隐瞒、缓报、谎报或者授意他人隐瞒、缓报、谎报。

《突发公共卫生事件应急条例》中对于接到突发事件报告后的地方人民政府、卫生行政主管部门的紧急应对职责作出明确规定，确保事件能够得到及时、有效的处理，防止事态进一步扩大。

《突发公共卫生事件应急条例》第二十二条规定，接到报告的地方人民政府、卫生行政主管部门依照本条例规定报告的同时，应当立即组织力量对报告事项调查核实、确证，采取必要的控制措施，并及时报告调查情况。

《突发公共卫生事件应急条例》中建立了完善的突发事件通报机制，在第二十三条中对国家层面、地方间、地方内部的通报情形作出详细规定。国务院卫生行政主管部门应当根据发生突发事件的情况，及时向国务院有关部门和各省、自治区、直辖市人民政府卫生行政主管部门以及军队有关部门通报。突发事件发生地的省、自治区、直辖市人民政府卫生行政主管部门，应当及时向毗邻省、自治区、直辖市人民政府卫生行政主管部门通报。接到通报的省、自治区、直辖市人民政府卫生行政主管部门，必要时应当及时通知本行政区域内的医疗卫生机构。县级以上地方人民政府有关部门，已经发生或者发现可能引起突发事件的情形时，应当及时向同级人民政府卫生行政主管部门通报。

除此之外，《突发公共卫生事件应急条例》第二十四条中还建立了完备的突发事件举报制度，赋予单位和个人举报权利，规定了政府部门的调查处理职责，建立了对应的举报奖励机制。国家建立突发事件举报制度，公布统一的突发事件报告、举报电话。任何单位和个人有权向人民政府及其有关部门报告突发事件隐患，有权向上级人民政府及其有关部门举报地方人民政府及其有关部门不履行突发事件应急处理职责，或者不按照规定履行职责的情况。接到报告、举报的有关人民政府及其有关部门，应当立即组织对突发事件隐患、不履行或者不按照规定履行突发事件应急处理职责的情况进行调查处理。对举报突发事件有功的单位和个人，县级以上各级人民政府及其有关部门应当予以奖励。

二、突发公共卫生事件的信息发布

在信息发布方面，《突发公共卫生事件应急条例》中建立了规范的信息发布制度：以国务院卫生行政主管部门为信息发布主体，负责向社会发布突发事件的信息。在必要情况下，国务院卫生行政主管部门可授权省、自治区、直辖市人民政府卫生行政主管部门向社会发布本行政区域内突发事件的信息。信息发布必须遵循及时、准确、全面的原则，让公众能够第一时间获取真实可靠的信息，避免不实信息传播引发社会恐慌。

第三节 突发公共卫生事件的应急处理

《突发公共卫生事件应急条例》中规定了从突发事件发生后的评估、应急预案启动，到应急处理过程中的各方面工作，包括物资保障、现场控制、人员防护、专业技术支持、医疗救治以及社会基层防控等，构建了一个全面且系统的突发公共卫生事件应急处理体系，明确了各部门、机构和个人在应急过程中的职责与行动准则。

一、突发事件评估与预案启动流程

突发事件发生后，卫生行政主管部门应当组织专家对突发事件进行综合评估，初步判断突发事件的类型，提出是否启动突发事件应急预案的建议。

在全国范围内或者跨省、自治区、直辖市范围内启动全国突发事件应急预案，由国务院卫生行政主管部门报国务院批准后实施。省、自治区、直辖市启动突发事件应急预案，由省、自治区、直辖市人民政府决定，并向国务院报告。

二、应急工作督察与专业技术支持

全国突发事件应急处理指挥部对突发事件应急处理工作进行督察和指导，地方各级人民政府及其有关部门应当予以配合。省、自治区、直辖市突发事件应急处理指挥部对本行政区域内突发事件应急处理工作进行督察和指导。

省级以上人民政府卫生行政主管部门或者其他有关部门指定的突发事件应急处理专业技术机构，负责突发事件的技术调查、确证、处置、控制和评价工作。

三、新传染病认定

国务院卫生行政主管部门对新发现的突发传染病，根据危害程度、流行强度，依照《中华人民共和国传染病防治法》的规定及时宣布为法定传染病；宣布为甲类传染病的，由国务院决定。

《中华人民共和国传染病防治法》中规定的传染病分为甲类、乙类和丙类。

甲类传染病是指鼠疫、霍乱。

乙类传染病是指SARS、艾滋病、病毒性肝炎、脊髓灰质炎、人感染高致病性禽流感、麻疹、流行性出血热、狂犬病、流行性乙型脑炎、登革热、炭疽、细菌性和阿米巴性痢疾、肺结核、伤寒和副伤寒、流行性脑脊髓膜炎、百日咳、白喉、新生儿破伤风、猩红热、布鲁氏菌病、淋病、梅毒、钩端螺旋体病、血吸虫病、疟疾。

丙类传染病是指流行性感冒、流行性腮腺炎、风疹、急性出血性结膜炎、麻风病、流行性和地方性斑疹伤寒、黑热病、包虫病、丝虫病，除霍乱、细菌性和阿米巴性痢疾、伤寒和副伤寒以外的感染性腹泻病。

国务院卫生行政部门根据传染病暴发、流行情况和危害程度，可以决定增加、减少或者调整乙类、丙类传染病病种并予以公布。

四、应急处理

应急预案启动前，县级以上各级人民政府有关部门应当根据突发事件的实际情况，做好应急处理准备，采取必要的应急措施。应急预案启动后，突发事件发生地的人民政府有关部门，应当根据预案规定的职责要求，服从突发事件应急处理指挥部的统一指挥，立即到达规定岗位，采取有关的控制措施。医疗卫生机构、监测机构和科学研究机构，应当服从突发事件应急处理指挥部的统一指挥，相互配合、协作，集中力量开展相关的科学研究工作。

突发事件发生后，国务院有关部门和县级以上地方人民政府及其有关部门，应当保证突发事件应急处理所需的医疗救护设备、救治药品、医疗器械等物资的生产、供应；铁路、交通、民用航空行政主管部门应当保证及时运送。

根据突发事件应急处理的需要，突发事件应急处理指挥部有权紧急调集人员、储备的物资、交通工具以及相关设施、设备；必要时，对人员进行疏散或者隔离，并可以依法对传染病疫区实行封锁。

突发事件应急处理指挥部根据突发事件应急处理的需要，可以对食物和水源采取控制措施。县级以上地方人民政府卫生行政主管部门应当对突发事件现场等采取控制措施，宣传突发事件防治知识，及时对易受感染的人群和其他易受损害的人群采取应急接种、预防性投药、群体防护等措施。

参加突发事件应急处理的工作人员，应当按照预案的规定，采取卫生防护措施，并在专业人员的指导下进行工作。

国务院卫生行政主管部门或者其他有关部门指定的专业技术机构，有权进入突发事件现场进行调查、采样、技术分析和检验，对地方突发事件的应急处理工作进行技术指导，有关单位和个人应当予以配合；任何单位和个人不得以任何理由予以拒绝。

对新发现的突发传染病、不明原因的群体性疾病、重大食物和职业中毒事件，国务院卫生行政主管部门应当尽快组织力量制定相关的技术标准、规范和控制措施。

医疗卫生机构应当对因突发事件致病的人员提供医疗救护和现场救援，对就诊病人必须接诊治疗，并书写详细、完整的病历记录；对需要转送的病人，应当按照规定将病人及其病历记录的复印件转送至接诊的或者指定的医疗机构。医疗卫生机构内应当采取卫生防护措施，防止交叉感染和污染。医疗卫生机构应当对传染病病人密切接触者采取医学观察措施，传染病病人密切接触者应当予以配合。医疗卫生机构收治传染病病人、疑似传染病病人，应当依法报告所在地的疾病预防控制机构。接到报告的疾病预防控制机构应当立即对可能受到危害的人员进行调查，根据需要采取必要的控制措施。

传染病暴发、流行时，街道、乡镇以及居民委员会、村民委员会应当组织力量，团结协作，群防群治，协助卫生行政主管部门和其他有关部门、医疗卫生机构做好疫情信息的收集和报告、人员的分散隔离、公共卫生措施的落实工作，向居民、村民宣传传染病防治的相关知识。

对传染病暴发、流行区域内流动人口，突发事件发生地的县级以上地方人民政府应当做好预防工作，落实有关卫生控制措施；对传染病病人和疑似传染病病人，应当采取就地隔离、就地观察、就地治疗的措施。对需要治疗和转诊的，应当依照《突发公共卫生事件应急条例》第三十九条第一款的规定执行。

有关部门、医疗卫生机构应当对传染病做到早发现、早报告、早隔离、早治疗，切断传播途径，防止扩散。

县级以上各级人民政府应当提供必要资金，保障因突发事件致病、致残的人员得到及时、有效的救治。具体办法由国务院财政部门、卫生行政主管部门和劳动保障行政主管部门制定。

在突发事件中需要接受隔离治疗、医学观察措施的病人、疑似病人和传染病病人密切接触者在卫生行政主管部门或者有关机构采取医学措施时应当予以配合；拒绝配合的，由公安机关依法协助强制执行。

复习与思考

一、单项选择题

1. 以下关于突发事件应急预案修订的说法，正确的是（　　）。

A. 只需要根据领导意见修订　　B. 依据事件变化和实施问题修订

C. 每年必须修订一次　　D. 无须考虑实际情况，按固定周期修订

2. 突发事件应急报告制度中，省级人民政府向国务院卫生行政主管部门报告的情形不包括(　　)。

A. 普通感冒流行　　B. 发生传染病菌种丢失

C. 可能发生重大食物中毒　　D. 发生不明原因的群体性疾病

3.《突发公共卫生事件应急条例》中，突发事件应急预案的修订依据是（　　）。

A. 领导个人意见　　B. 事件变化和实施中发现的问题

C. 每年固定修订周期　　D. 无须考虑实际情况

4. 根据《突发公共卫生事件应急条例》，突发事件监测机构发现需报告的情形，应在（　　）内向所在地县级卫生行政主管部门报告。

A. 1 小时　　B. 2 小时　　C. 4 小时　　D. 6 小时

5. 突发事件信息发布的主体是（　　）。

A. 县级人民政府　　B. 省级卫生行政主管部门

C. 国务院卫生行政主管部门　　D. 地方医疗机构

6. 新发现的突发传染病宣布为甲类传染病，由（　　）决定。

A. 国务院卫生行政主管部门　　B. 省级人民政府

C. 国务院　　D. 全国人大常委会

7. 应急处理中，对食物和水源采取控制措施的权力属于（　　）。

A. 县级卫生行政主管部门　　B. 突发事件应急处理指挥部

C. 医疗机构　　D. 公安机关

8. 医疗机构对传染病病人密切接触者应采取的措施是（　　）。

A. 立即隔离治疗　　B. 医学观察

C. 强制接种疫苗　　D. 就地治疗

9.《突发公共卫生事件应急条例》中，突发事件的定义不包括（　　）。

A. 重大传染病疫情　　B. 群体性不明原因疾病

C. 普通流感　　D. 重大职业中毒

二、多项选择题

1. 突发公共卫生事件，是指突然发生，造成或者可能造成社会公众健康严重损害的（　　）。

A. 重大传染病疫情　　B. 群体性不明原因疾病

C. 重大食物和职业中毒　　D. 其他严重影响公众健康的事件

E. 普通流感

2. 依据《中华人民共和国传染病防治法》第三十九条规定，医疗机构发现甲类传染病时，下列措施正确的是（　　）。

A. 对病人、病原携带者，予以隔离治疗，隔离期限根据医学检查结果确定

B. 对疑似病人，确诊后在指定场所单独隔离治疗

C. 对医疗机构内的病人、病原携带者、疑似病人的密切接触者，在指定场所进行医学观察和采取其他必要的预防措施

D. 拒绝隔离治疗或者隔离期未满擅自脱离隔离治疗的，可以由医疗机构采取强制隔离治疗措施

E. 医疗机构对本单位内被传染病病原体污染的场所、物品以及医疗废物，必须依照法律、法规的规定实施消毒和无害化处置

3. 依据《突发公共卫生事件应急条例》，应急处理中的强制措施包括（　　）。

A. 紧急调集物资和交通工具　　B. 疏散或隔离人员

C. 封锁传染病疫区　　D. 对食物和水源采取控制措施

E. 限制公民人身自由

三、简答题

1. 什么情形下，省、自治区、直辖市人民政府应当在接到报告 1 小时内，向国务院卫生行政主管部门报告？

2. 接到突发公共卫生事件报告、举报的有关人民政府及其有关部门，在接到报告、举报后应当履行何种职责？

3. 为保证需要接受隔离治疗等措施的人员配合，《突发公共卫生事件应急条例》中明确了拒绝配合时，可采取哪些强制执行手段？

4. 依据《突发公共卫生事件应急条例》，简述交通工具上发现传染病病人时的应急处理流程。

第六章

社会安全事件应急管理法律法规

学习目标

知识目标	（1）掌握《中华人民共和国治安管理处罚法》关于应急的核心条款。 （2）了解《中华人民共和国治安管理处罚法》与其他法律的衔接。 （3）掌握《中华人民共和国反恐怖主义法》的核心条款。
技能目标	（1）能够将所学法律知识与本专业相结合，将法律知识应用到实际专业工作中。 （2）能够根据实际应急工作情形，进行社会安全事件应急管理。
职业道德和素养目标	强化学生在社会安全事件应急管理中的法律意识、责任担当，培育尊重生命、不惧艰险的职业道德。

知识图谱

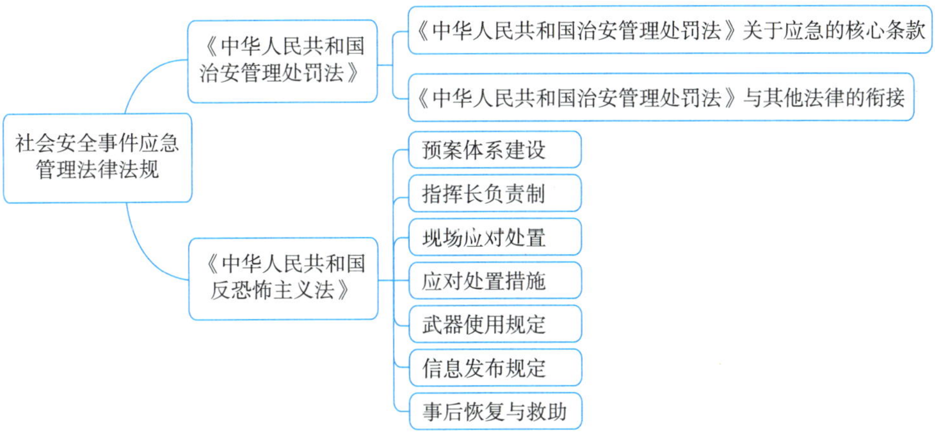

我国社会安全事件应急管理法律法规体系以《中华人民共和国突发事件应对法》为核心，结合《中华人民共和国治安管理处罚法》《中华人民共和国反恐怖主义法》等专门法律，形成了覆盖预防、处置、恢复全流程的制度框架。本章节主要介绍《中华人民共和国治安管理处罚法》和《中华人民共和国反恐怖主义法》。

第一节 《中华人民共和国治安管理处罚法》

《中华人民共和国治安管理处罚法》（2025 年修订）是为维护社会治安秩序，保障公共安全，保护公民、法人和其他组织的合法权益，规范和保障公安机关及其人民警察依法履行治安管理职责，制定的法律，全文共六章一百四十四条。《中华人民共和国治安管理处罚法》的实施将有利于规范公安机关治安管理行为，有利于保护公民的合法权益，被认为是与老百姓关系最为密切的法律之一，更被称为“老百姓身边的法律”。

《中华人民共和国治安管理处罚法》在维护社会治安秩序的同时，针对自然灾害、事故灾难、公共卫生事件和社会安全事件等应急场景，通过明确违法行为类型和处罚措施，为公安机关在紧急状态下的执法提供了法律依据。本教材对《中华人民共和国治安管理处罚法》的介绍主要针对应急相关领域。

一、《中华人民共和国治安管理处罚法》关于应急的核心条款

（一）拒不执行紧急状态下的政府决定与命令

在自然灾害、事故灾难、公共卫生事件、社会安全事件等突发事件或紧急状态下，拒不执行人民政府依法发布的决定、命令，妨碍国家机关工作人员依法执行职务的，构成违法。

《中华人民共和国治安管理处罚法》第六十一条第一款规定：拒不执行人民政府在紧急状态情况下依法发布的决定、命令的，处警告或者五百元以下罚款；情节严重的，处五日以上十日以下拘留，可以并处一千元以下罚款。

（二）阻碍执行紧急任务的公务行为

《中华人民共和国治安管理处罚法》第六十一条明确：阻碍国家机关工作人员

依法执行职务的，阻碍执行紧急任务的消防车、救护车、工程抢险车、警车等车辆通行的，强行冲闯公安机关设置的警戒带、警戒区的，处警告或者五百元以下罚款；情节严重的，处五日以上十日以下拘留，可以并处一千元以下罚款。

（三）编造传播虚假信息扰乱公共秩序

《中华人民共和国治安管理处罚法》第二十九条规定：故意散布谣言，谎报险情、疫情、灾情、警情或者以其他方法故意扰乱公共秩序的，处五日以上十日以下拘留，可以并处一千元以下罚款；情节较轻的，处五日以下拘留或者一千元以下罚款。

（四）危害公共安全的行为

《中华人民共和国治安管理处罚法》第三十六条规定：违反国家规定，制造、买卖、储存、运输、邮寄、携带、使用、提供、处置爆炸性、毒害性、放射性、腐蚀性物质或者传染病病原体等危险物质的，处十日以上十五日以下拘留；情节较轻的，处五日以上十日以下拘留。

《中华人民共和国治安管理处罚法》第二十六条规定，扰乱公共汽车、电车、城市轨道交通车辆、火车、船舶、航空器或者其他公共交通工具上的秩序的；非法拦截或者强登、扒乘机动车、船舶、航空器以及其他交通工具，影响交通工具正常行驶的，处警告或者五百元以下罚款；情节较重的，处五日以上十日以下拘留，可以并处一千元以下罚款。

（五）扰乱大型群众性活动秩序

《中华人民共和国治安管理处罚法》第二十八条规定，有下列行为之一，扰乱体育、文化等大型群众性活动秩序的：①强行进入场内的；②违反规定，在场内燃放烟花爆竹或者其他物品的；③展示侮辱性标语、条幅等物品的；④围攻裁判员、运动员或者其他工作人员的；⑤向场内投掷杂物，不听制止的；⑥扰乱大型群众性活动秩序的其他行为，处警告或者五百元以下罚款；情节严重的，处五日以上十日以下拘留，可以并处一千元以下罚款。

因扰乱体育比赛、文艺演出活动秩序被处以拘留处罚的，可以同时责令其六个月至一年以内不得进入体育场馆、演出场馆观看同类比赛、演出；违反规定进入体育场馆、演出场馆的，强行带离现场，可以处五日以下拘留或者一千元以下罚款。

二、《中华人民共和国治安管理处罚法》与其他法律的衔接

（一）与《中华人民共和国突发事件应对法》的系统性协同

《中华人民共和国突发事件应对法》作为综合性应急管理法，明确将群体性事件、自然灾害等纳入社会安全事件范畴，构建“预防—监测—处置—恢复”全链条机制。

《中华人民共和国治安管理处罚法》则为公安机关在应急状态下的执法提供具体处罚依据，例如第六十一条规定的对拒不执行紧急状态下政府决定的行为，与《中华人民共和国突发事件应对法》第五十七条、第六十六条形成衔接。

2024 年修订的《中华人民共和国突发事件应对法》新增“应急响应制度”，要求政府在发布警报、启动应急响应时明确措施内容，并规定解除程序。这与《中华人民共和国治安管理处罚法》中“现场管制”“强行驱散”等措施的实施程序形成呼应。

（二）与《中华人民共和国刑法》和《中华人民共和国刑事诉讼法》的阶梯式衔接

对于情节较轻的应急违法行为（如编造虚假信息），适用《中华人民共和国治安管理处罚法》第二十五条；若造成严重后果（如引发社会恐慌导致人员伤亡），则可能构成《中华人民共和国刑法》第二百九十一条之一的“编造、故意传播虚假恐怖信息罪”。

公安机关在办理治安案件时，若发现违法行为涉嫌犯罪（如非法储存危险物质），须依据《中华人民共和国治安管理处罚法》第九十五条第三项移送司法机关，衔接《中华人民共和国刑事诉讼法》的立案程序。

第二节 《中华人民共和国反恐怖主义法》

《中华人民共和国反恐怖主义法》是为了防范和惩治恐怖活动，加强反恐怖主义工作，维护国家安全、公共安全和人民生命财产安全，根据宪法制定。由中华人民共和国主席于 2015 年 12 月 27 日发布，2016 年 1 月 1 日起施行。根据 2018 年 4 月

27日第十三届全国人民代表大会常务委员会第二次会议《关于修改〈中华人民共和国国境卫生检疫法〉等六部法律的决定》修正。

一、预案体系建设

国家建立健全恐怖事件应对处置预案体系。国家反恐怖主义工作领导机构针对恐怖事件的规律、特点和可能造成的社会危害，分级、分类制定国家应对处置预案，具体规定恐怖事件应对处置的组织指挥体系和恐怖事件安全防范、应对处置程序以及事后社会秩序恢复等内容。有关部门、地方反恐怖主义工作领导机构也应当制定相应的应对处置预案。

二、指挥长负责制

应对处置恐怖事件，各级反恐怖主义工作领导机构应当成立由有关部门参加的指挥机构，实行指挥长负责制。跨省、自治区、直辖市发生的恐怖事件或者特别重大恐怖事件的应对处置，由国家反恐怖主义工作领导机构负责指挥；在省、自治区、直辖市范围内发生的涉及多个行政区域的恐怖事件或者重大恐怖事件的应对处置，由省级反恐怖主义工作领导机构负责指挥。

三、现场应对处置

恐怖事件发生后，发生地反恐怖主义工作领导机构应当立即启动恐怖事件应对处置预案，确定指挥长。有关部门和中国人民解放军、中国人民武装警察部队、民兵组织，按照反恐怖主义工作领导机构和指挥长的统一领导、指挥，协同开展打击、控制、救援、救护等现场应对处置工作。上级反恐怖主义工作领导机构可以对应对处置工作进行指导，必要时调动有关反恐怖主义力量进行支援。若发现恐怖事件或者疑似恐怖事件，公安机关应当立即进行处置，并向反恐怖主义工作领导机构报告；中国人民解放军、中国人民武装警察部队发现正在实施恐怖活动的，应当立即予以控制并将案件及时移交公安机关。反恐怖主义工作领导机构尚未确定指挥长的，由在场处置的公安机关职级最高的人员担任现场指挥员。公安机关未能到达现场的，由在场处置的中国人民解放军或者中国人民武装警察部队职级最高的人员担任现场指挥员。现场应对处置人员无论是否属于同一单位、系统，均应当服从现场指挥员的指挥。

四、应对处置措施

恐怖事件发生后，负责应对处置的反恐怖主义工作领导机构可以决定由有关部门和单位采取下列一项或者多项应对处置措施。

（1）组织营救和救治受害人员，疏散、撤离并妥善安置受到威胁的人员以及采取其他救助措施。

（2）封锁现场和周边道路，查验现场人员的身份证件，在有关场所附近设置临时警戒线。

（3）在特定区域内实施空域、海（水）域管制，对特定区域内的交通运输工具进行检查。

（4）在特定区域内实施互联网、无线电、通信管制。

（5）在特定区域内或者针对特定人员实施出境入境管制。

（6）禁止或者限制使用有关设备、设施，关闭或者限制使用有关场所，中止人员密集的活动或者可能导致危害扩大的生产经营活动。

（7）抢修被损坏的交通、电信、互联网、广播电视、供水、排水、供电、供气、供热等公共设施。

（8）组织志愿人员参加反恐怖主义救援工作，要求具有特定专长的人员提供服务。

（9）其他必要的应对处置措施。

采取前款第三项至第五项规定的应对处置措施，由省级以上反恐怖主义工作领导机构决定或者批准；采取前款第六项规定的应对处置措施，由设区的市级以上反恐怖主义工作领导机构决定。应对处置措施应当明确适用的时间和空间范围，并向社会公布。

五、武器使用规定

人民警察、中国人民武装警察以及其他依法配备、携带武器的应对处置人员，对在现场持枪支、刀具等凶器或者使用其他危险方法，正在或者准备实施暴力行为的人员，经警告无效的，可以使用武器；紧急情况下或者警告后可能导致更为严重危害后果的，可以直接使用武器。

六、信息发布规定

恐怖事件发生、发展和应对处置信息，由恐怖事件发生地的省级反恐怖主义工作领导机构统一发布；跨省、自治区、直辖市发生的恐怖事件，由指定的省级反恐怖主义工作领导机构统一发布。任何单位和个人不得编造、传播虚假恐怖事件信息；不得报道、传播可能引起模仿的恐怖活动的实施细节；不得发布恐怖事件中残忍、不人道的场景；在恐怖事件的应对处置过程中，除新闻媒体经负责发布信息的反恐怖主义工作领导机构批准外，不得报道、传播现场应对处置的工作人员、人质身份信息和应对处置行动情况。

七、事后恢复与救助

恐怖事件应对处置结束后，各级人民政府应当组织有关部门帮助受影响的单位和个人尽快恢复生活、生产，稳定受影响地区的社会秩序和公众情绪。当地人民政府应当及时给予恐怖事件受害人员及其近亲属适当的救助，并向失去基本生活条件的受害人员及其近亲属及时提供基本生活保障。卫生、医疗保障等主管部门应当为恐怖事件受害人员及其近亲属提供心理、医疗等方面的援助。公安机关应当及时对恐怖事件立案侦查，查明事件发生的原因、经过和结果，依法追究恐怖活动组织、人员的刑事责任。反恐怖主义工作领导机构应当对恐怖事件的发生和应对处置工作进行全面分析、总结评估，提出防范和应对处置改进措施，向上一级反恐怖主义工作领导机构报告。

复习与思考

一、单项选择题

1.《中华人民共和国治安管理处罚法》规定，拒不执行人民政府在紧急状态下依法发布的决定、命令，情节严重的，处（　　）拘留，可以并处五百元以下罚款。

A. 五日以下　　B. 五日以上十日以下

C. 十日以上十五日以下　　D. 十五日以上二十日以下

2. 根据《中华人民共和国治安管理处罚法》，散布谣言、谎报险情扰乱公共秩序，情节较轻的，应（　　）。

A. 处五日以上十日以下拘留，可并处五百元以下罚款

B. 处五日以下拘留或罚款

C. 处警告或者二百元以下罚款

D. 处十日以上十五日以下拘留

3. 违反国家规定制造、买卖危险物质，依据《中华人民共和国治安管理处罚法》应处（　　）拘留。

A. 十日以上十五日以下　　B. 五日以上十日以下

C. 十五日以上二十日以下　　D. 二十日以上二十五日以下

4.《中华人民共和国反恐怖主义法》开始施行的时间是（　　）。

A. 2015 年 12 月 27 日　　B. 2016 年 1 月 1 日

C. 2018 年 4 月 27 日　　D. 2024 年 6 月 28 日

5. 跨省、自治区、直辖市发生的恐怖事件或者特别重大恐怖事件的应对处置，由（　　）负责指挥。

A. 国家反恐怖主义工作领导机构　　B. 省级反恐怖主义工作领导机构

C. 市级反恐怖主义工作领导机构　　D. 县级反恐怖主义工作领导机构

6. 恐怖事件发生后，现场应对处置人员均应当服从（　　）的指挥。

A. 在场处置的公安机关职级最高的人员

B. 在场处置的中国人民解放军职级最高的人员

C. 在场处置的中国人民武装警察部队职级最高的人员

D. 现场指挥员

7. 采取在特定区域内实施互联网、无线电、通信管制的应对处置措施，由（　　）决定或者批准。

A. 省级以上反恐怖主义工作领导机构

B. 设区的市级以上反恐怖主义工作领导机构

C. 县级以上反恐怖主义工作领导机构

D. 乡镇级以上反恐怖主义工作领导机构

8. 恐怖事件发生、发展和应对处置信息，由（　　）统一发布。

A. 恐怖事件发生地的省级反恐怖主义工作领导机构

B. 国务院反恐怖主义工作领导机构

C. 市级反恐怖主义工作领导机构

D. 县级反恐怖主义工作领导机构

9. 人民警察对在现场持凶器准备实施暴力行为的人员，经警告无效的，可以（　　）。

A. 使用警械　　B. 使用武器

C. 进行口头制止　　D. 直接抓捕

10.《中华人民共和国治安管理处罚法》与《中华人民共和国刑法》对于应急违法行为的衔接是（　　）。

A. 完全相同的处罚标准

B. 情节较轻适用《中华人民共和国治安管理处罚法》，情节严重可能适用《中华人民共和国刑法》

C. 只适用《中华人民共和国刑法》

D. 只适用《中华人民共和国治安管理处罚法》

二、多项选择题

1.《中华人民共和国治安管理处罚法》中与应急相关的违法行为包括（　　）。

A. 拒不执行紧急状态下的政府决定与命令

B. 阻碍执行紧急任务的公务行为

C. 编造传播虚假信息扰乱公共秩序

D. 危害公共安全的行为

E. 扰乱大型群众性活动秩序

2.《中华人民共和国反恐怖主义法》规定的恐怖事件应对处置措施有（　　）。

A. 组织营救和救治受害人员

B. 封锁现场和周边道路

C. 在特定区域内实施互联网管制

D. 禁止或者限制使用有关设备、设施

E. 抢修被损坏的公共设施

3. 根据《中华人民共和国反恐怖主义法》，以下说法正确的是（　　）。

A. 国家建立健全恐怖事件应对处置预案体系

B. 应对处置恐怖事件实行指挥长负责制

C. 任何单位和个人不得编造、传播虚假恐怖事件信息

D. 恐怖事件应对处置结束后，政府应组织恢复生活、生产

E. 公安机关应对恐怖事件立案侦查并追究刑事责任

4.《中华人民共和国治安管理处罚法》与其他法律的衔接体现在（　　）。

A. 与《中华人民共和国突发事件应对法》的系统性协同

B. 与《中华人民共和国刑法》的阶梯式衔接

C. 与《中华人民共和国反恐怖主义法》的交叉衔接

D. 与《中华人民共和国传染病防治法》的部分衔接

E. 与《中华人民共和国行政处罚法》的全面衔接

5. 依据《中华人民共和国反恐怖主义法》，在恐怖事件应对处置过程中，禁止报道、传播的内容有（　　）。

A. 恐怖事件中残忍、不人道的场景

B. 现场应对处置的工作人员身份信息

C. 人质身份信息

D. 应对处置行动情况

E. 恐怖事件发生的时间和地点

三、简答题

1. 请简述《中华人民共和国治安管理处罚法》中阻碍执行紧急任务的公务行为的相关违法情形及处罚规定。

2. 简述《中华人民共和国反恐怖主义法》中关于恐怖事件发生后信息发布的规定。

3. 简述《中华人民共和国反恐怖主义法》规定的应对处置恐怖事件的指挥体系。

第七章

应急管理中的行政执法与法律责任

学习目标

知识目标	（1）掌握应急管理行政执法的主体与权限，理解国家至地方各级应急管理部门的职责分工及执法权限。 （2）熟悉应急管理行政执法的程序与要求，包括监督检查、立案、调查取证、听证、决定与送达等环节的具体规范。 （3）理解应急管理违法行为的认定与分类标准，掌握行政责任、民事责任、刑事责任的区分及适用条件。
技能目标	（1）能够依据应急管理法律法规，识别和分析生产经营单位违法行为案例，提出合法合规的执法建议。 （2）能够模拟应急管理行政执法流程，撰写规范的执法文书（如责令整改通知书、行政处罚决定书），确保程序合法、证据充分。
职业道德和素养目标	培养依法行政的意识，增强在应急管理行政执法中的责任感和使命感。树立正确的职业道德观念，确保在应急管理行政执法中做到公正、公平、公开。

知识图谱

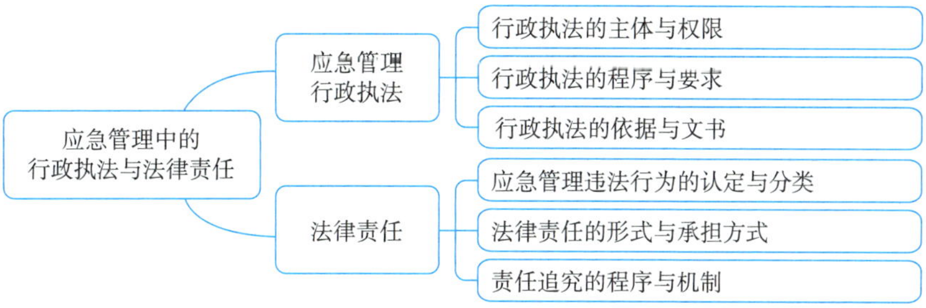

第一节 应急管理行政执法

应急管理行政执法是应急管理部门为保障人民群众生命财产安全、维护公共安全和社会稳定，依据相关法律法规对生产经营单位等主体进行监督检查、行政处罚、行政强制等执法活动的总称。

一、行政执法的主体与权限

（一）执法主体

应急管理行政执法主体是各级应急管理部门，包括国家应急管理部、省级应急管理厅（局）、市级应急管理局、县级应急管理局等以及其下属的应急管理综合行政执法机构。

1. 应急管理部门

作为应急管理行政执法的关键主体，应急管理部门在国家至地方各级均构建了清晰明确的组织架构。国家应急管理部统筹全国应急管理行政执法工作，负责制定全局性的政策方针，为全国应急管理执法工作指明方向，发挥着宏观指导与调控的重要作用。省、市、县（区）级应急管理局则扎根于各自的行政区域，将国家层面的政策细化并落实到具体工作中。

各级应急管理部门是核心执法主体，负责安全生产、危险化学品、烟花爆竹、工贸企业等领域监管。

省级：统筹重大案件查处、跨区域协调及安全生产许可证管理。

设区的市、县级：负责日常监督检查、违法行为处罚及事故调查处理。

2. 综合行政执法机构

在部分地区，为提升应急管理执法效能，专门成立了应急管理综合行政执法局。该机构整合了应急管理领域分散的多项执法职能，集中行使行政执法权力，通过这种整合，有效解决了以往存在的职能交叉、多头执法等问题，极大地提高了执法效率和专业性。在面对复杂的安全生产事故或者突发自然灾害时，应急管理综合行政执法局能够迅速做出反应，统一调配各类资源，有条不紊地开展执法与救援工作，展现出高效的应急处置能力。

3. 其他协同部门

公安机关、市场监管、生态环境等部门根据职责分工协作，例如，公安机关，对涉及治安管理处罚（如拘留）或危险化学品非法经营等行为进行执法；市场监管部门，吊销营业执照或查处非法生产行为。

（二）执法权限

应急管理中的行政执法权限主要包括以下方面。

1. 综合管理与监督协调

（1）政策执行与规划编制。贯彻执行国家有关应急管理的方针政策、法律法规，组织编制本地区应急体系建设、安全生产和综合防灾减灾规划等。

（2）综合监督管理。依法行使安全生产综合监督管理职权，指导协调、监督检查本级政府有关部门和下级政府安全生产工作，组织开展安全生产巡查、考核。

2. 行业监管与许可管理

（1）行业安全监管。按照分级、属地原则，对工矿商贸生产经营单位贯彻执行安全生产法律法规情况及其安全生产条件、设备（特种设备除外）、材料、劳动防护用品的安全生产管理工作进行监督检查。

（2）准入许可管理。依法组织并指导监督实施安全生产准入制度，负责危险化学品安全监督管理综合工作和烟花爆竹安全生产监督管理工作。

3. 应急救援与灾害管理

（1）应急救援组织协调。组织指导协调安全生产类、自然灾害类等突发事件应急救援，承担相应级别的应对灾害指挥部工作，协助政府指定的负责同志组织重大灾害应急处置。

（2）应急资源管理。统筹应急救援力量建设，负责消防、森林火灾扑救、抗洪抢险、地震和地质灾害救援、生产安全事故救援等专业应急救援力量建设相关工作。制定应急物资储备和应急救援装备规划并组织实施。

（3）灾害防治与救助。指导协调森林火灾、水旱灾害、地震和地质灾害等防治工作，组织协调灾害救助工作，组织指导灾情核查、损失评估、救灾捐赠工作。

4. 事故调查与执法处罚

（1）事故调查处理。依法组织指导生产安全事故调查处理，监督事故查处和责任追究落实情况，组织开展自然灾害类突发事件的调查评估工作。

（2）违法行为查处。对发现的安全生产违法行为或事故隐患，依法进行调查取证，作出行政处罚、行政强制等决定，监督检查重大危险源监控和重大事故隐患排查治理工作，依法查处不具备安全生产条件的工矿商贸生产经营单位。

5. 主要执法权限与重点执法领域

（1）主要执法权限。

①行政处罚权。

罚款：根据违法情节，对单位或个人处以不同金额罚款，如未履行安全生产职责最高罚款10万元，非法生产危险化学品最高罚款50万元。

责令整改：要求限期改正违法行为，逾期不改则加重处罚。

停产停业整顿：对存在重大隐患或拒不整改的企业强制停产。

吊销许可证：对严重违法行为（如转让许可证、多次违规）吊销安全生产许可证。

资格限制：主要负责人因事故责任终身不得担任行业职务。

②行政强制权。

查封、扣押：对不符合安全标准的设施、危险物品实施查封或扣押，如《中华人民共和国安全生产法》第六十五条。

停止供电、供料：对拒不执行停产决定且有事故风险的企业，经批准后可采取强制措施，如《中华人民共和国安全生产法》第七十条。

③事故调查处理权。

牵头调查生产安全事故，追究责任单位及人员的行政、刑事责任。

对瞒报、谎报事故或销毁证据的行为从重处罚。

（2）重点执法领域包括安全生产管理、危险化学品、烟花爆竹和工贸企业。

①安全生产管理。处罚未履行职责的主要负责人，如未保证安全投入、未组织应急演练。查处违规作业，如未安排专人管理危险作业。

②危险化学品。查处无证生产、非法储存、未进行安全评价等行为，如未设置安全警示标志最高罚款20万元。监督重大危险源管理，如未登记建档或制定应急预案。

③烟花爆竹。打击非法生产、超量储存、销售违禁产品，如零售点与居民区混

建最高罚款3万元。规范运输、燃放行为，如批发企业向个人销售专业燃放类产品。

④工贸企业。检查粉尘涉爆、有限空间作业等高风险环节，如未建立风险管控制度。整治冶金、有色企业熔融金属作业违规行为，如吊运区域设置在人员聚集场所。

二、行政执法的程序与要求

应急管理行政执法的程序与要求涉及多个环节，须遵循法定程序并兼顾执法规范性与灵活性。应急管理行政执法程序主要包括一般程序、简易程序，具体内容及相关要求如下。

（一）行政执法程序

1. 监督检查与线索移交

（1）检查流程。检查流程包括制定检查方案、现场检查（不少于2人）、制作现场检查记录、下达整改指令书等。若发现违法行为或隐患，需依法处理并跟踪复查。

（2）线索移交。执法人员发现案件线索后需初步调查，填写移交表并经审批后移交立案。

2. 一般程序

（1）立案条件。立案条件需确认违法行为存在、依法应给予行政处罚、属于管辖范围、适用一般程序等。紧急情况下可先行调查，3~5日内补办立案手续。

（2）调查取证。调查取证需2名以上执法人员，涉及回避情形（如亲属关系、利益冲突）的应主动回避。依法收集书证、物证、视听资料、证人证言、当事人陈述、鉴定结论、勘验笔录和现场笔录等证据，证据需查证属实。证据可能灭失时可先行登记保存，7日内处理。

（3）案件审理。案件审理是指对案件违法事实、证据、调查取证程序、法律适用、处罚种类和幅度、当事人陈述和申辩理由等内容进行审查，提出处理意见，主要证据不足的应及时调查补充。

（4）法制审核。涉及重大公共利益、听证程序或复杂案件时，必须由法制部门审核法律适用及裁量基准。根据处罚金额或措施严重性分级处理。重大案件（如吊销许可证、处以三万元以上罚款）需集体讨论决定，三分之二以上同意通过，并经法制审核。

（5）告知程序。作出行政处罚前，告知当事人违法事实以及依法享有的陈述、申辩和要求听证的权利。属于听证范围的案件，制作听证告知书送达相对人。

（6）听证程序。对责令停产停业、吊销许可证、较大数额罚款等处罚，当事人可申请听证；听证由非本案调查人员主持，举行 7 日前通知当事人。当事人要求听证的，行政主管部门应组织听证，制发举行听证通知，制作行政处罚听证笔录，听证依照法定程序进行，结束后行政主管部门依法作出决定。

（7）决定与送达。经告知、陈述申辩后作出决定，30 日内完成（特殊情况可延至 180 日）。经审批后下达行政处罚决定书，当场或 7 日内送达当事人。送达方式有直接送达、留置送达、电子送达、邮寄送达、公告送达等。

（8）执行与结案。自送达之日起生效，当事人需在 15 日内履行处罚决定（罚款可延至 30 日）。逾期不履行的，行政机关可每日加处 3% 罚款（不超本金）或申请法院强制执行。结案需填写结案审批表，经审批后归档。

3. 简易程序

违法事实确凿并有法定依据，对公民处以二百元以下、对法人或者其他组织处以三千元以下罚款或者警告的行政处罚的，可以当场作出行政处罚决定。执法人员当场作出行政处罚决定的，应当向当事人出示执法证件，填写预定格式、编有号码的行政处罚决定书，并当场交付当事人。行政处罚决定书应当载明当事人的违法行为、行政处罚依据、罚款数额、时间、地点以及行政机关名称，并由执法人员签名或者盖章。执法人员当场作出的行政处罚决定，必须报所属行政机关备案。

（二）执法要求

1. 严格执法与包容审慎结合

（1）免罚清单适用。对 7 项轻微违法行为（如未及时修订应急预案），若企业初次违法、危害轻微且及时改正，可不予处罚，但需责令整改并教育。

（2）裁量权规范。2025 年应急管理部发布《应急管理行政处罚裁量权基准》，细化 233 项违法行为的裁量阶次，统一“类案同罚”标准，避免畸轻畸重。

2. 全过程监督与公开透明

（1）执法公示与记录。执行公示、全过程记录、法制审核“三项制度”，依托数字化平台监督执法行为，杜绝随意检查或乱罚款。

（2）执法计划公开。例如，上海市公开年度执法计划，明确检查对象（如危险化学品企业、工贸企业）和频次，接受社会监督。

3. 执法人员履职要求

（1）责任追究。对玩忽职守、滥用职权等行为依法追责，但对客观原因（如技术限制）或改革创新中的失误可免责。

（2）能力保障。加强执法培训，提供必要装备，保障执法人员安全，并建立考核激励机制。

4. 科技赋能与执法减负

（1）数字化执法。全面应用“互联网＋执法”系统，推行远程监管、监测预警等非现场方式，减少对企业干扰。

（2）执法减负。对高风险企业重点检查，低风险企业实施“双随机”抽查，避免重复执法；推行“综合查一次”模式，整合专项检查要求，减少现场检查频次。

（三）冲突处理原则

如地方规定与应急管理部要求冲突，以应急管理部官网及《应急管理行政执法人员依法履职管理规定》（2022 年）为准。

（1）立案时效。地方规定“3 日内补办立案手续”需符合应急管理部“2 年或 5 年追诉时效”原则。

（2）免责条款。地方免责情形需与应急管理部明确的 10 类免责条件一致。

更多细则可参考应急管理部官网发布的《应急管理行政执法人员依法履职管理规定》及地方配套文件。

三、行政执法的依据与文书

在应急管理中，行政执法是保障公共安全和社会秩序的重要手段，其法律依据和文书须严格遵循法定程序和要求。

（一）法律依据

1. 国家法律

（1）《中华人民共和国突发事件应对法》（2024 年修订）。

核心内容：明确突发事件分类（自然灾害、事故灾难、公共卫生、社会安全）

及应急管理四阶段（预防与准备、监测与预警、处置与救援、恢复与重建）；授权行政机关采取强制措施（如疏散人员、征用物资、封锁危险区域）。

关键条款：第七十四条，政府可责令停产停业、关闭场所、限制交通等应急处置措施；第六十五条，要求及时、准确向社会发布突发事件预警信息。

（2）《中华人民共和国安全生产法》（2021 年修订）。

核心内容：规定生产经营单位必须制定应急预案、配备应急资源，明确执法部门对违法行为的处罚权。

关键条款：第九十七条，企业未制定应急预案或未定期演练，处 10 万元以下罚款；逾期未改正的，责令停产停业整顿，并处十万元以上二十万元以下的罚款，对其直接负责的主管人员和其他直接责任人员处二万元以上五万元以下的罚款；第一百零二条，生产经营单位未采取措施消除事故隐患的，责令立即消除或者限期消除，处五万元以下的罚款；生产经营单位拒不执行的，责令停产停业整顿，对其直接负责的主管人员和其他直接责任人员处五万元以上十万元以下的罚款；构成犯罪的，依照刑法有关规定追究刑事责任。

（3）《中华人民共和国行政强制法》（2012 年施行）。

核心内容：规范行政机关实施查封、扣押、冻结等强制措施的程序。

关键条款：第十八条，实施行政强制措施需经行政机关负责人批准，并出示执法证件；第二十五条，查封、扣押期限不得超过三十日，情况复杂的可延长，但延长期限不得超过三十日。

（4）《中华人民共和国行政处罚法》（2021 年修订）。

核心内容：明确行政处罚的种类（警告、罚款、吊销许可证等）及程序要求（告知、听证、送达）。

关键条款：第四十四条，行政机关在作出行政处罚决定之前，应当告知当事人拟作出的行政处罚内容及事实、理由、依据，并告知当事人依法享有的陈述、申辩、要求听证等权利；第五十二条，行政处罚决定书需载明当事人的违法事实、依据。

（5）专项法律。

如《中华人民共和国传染病防治法》（隔离措施）、《中华人民共和国消防法》（消防救援职责）、《中华人民共和国防震减灾法》（地震应急响应）等，针对特定领域细化应急执法依据。

2. 行政法规

（1）《生产安全事故应急条例》（2019 年施行）。

核心内容：规定企业应急预案备案、应急演练频次（至少每半年一次），明确政府启动应急响应的程序。

关键条款：第三十条，生产经营单位未制定生产安全事故应急救援预案、未定期组织应急救援预案演练、未对从业人员进行应急教育和培训，生产经营单位的主要负责人在本单位发生生产安全事故时不立即组织抢救的，由县级以上人民政府负有安全生产监督管理职责的部门依照《中华人民共和国安全生产法》有关规定追究法律责任。

（2）《安全生产许可证条例》（2014 年修订）。

核心内容：矿山、建筑施工、危险化学品等企业需取得安全生产许可证后方可生产。

关键条款：第十九条，未取得安全生产许可证擅自进行生产的，责令停止生产，没收违法所得，并处 10 万元以上 50 万元以下的罚款。

（3）《危险化学品安全管理条例》（2013 年修订）。

核心内容：规范危险化学品生产、储存、运输和使用全流程监管。

关键条款：第八十条，储存危险化学品的场所需符合国家标准，违规储存最高可处 10 万元罚款。

（4）《易制毒化学品管理条例》（2018 年修订）。

核心内容：对易制毒化学品的生产、经营、运输实行许可和备案管理。

关键条款：第四十条，未按规定备案的，可处 1 万以上 5 万元以下的罚款。

（5）《烟花爆竹安全管理条例》（2016 年修订）。

核心内容：严格烟花爆竹生产、经营、运输和燃放的行政许可制度。

关键条款：第三十六条，未经许可生产烟花爆竹的，没收违法所得，并处 2 万元以上 10 万元以下的罚款。

（6）《生产安全事故报告和调查处理条例》（2007 年施行）。

核心内容：规定事故报告时限（1 小时内上报）、调查程序及责任追究。

关键条款：第三十六条，谎报或瞒报事故的，对事故发生单位处 100 万元以上 500 万元以下的罚款，对责任人处年收入 60% ~100% 的罚款。

3. 地方性法规

（1）《北京市安全生产条例》（2022 年修订）。

核心内容：细化生产经营单位主体责任，明确高风险场所的应急管理要求。

关键条款：第五十五条，生产经营单位应当制定本单位生产安全事故应急救援预案，与市、区人民政府组织制定的生产安全事故应急救援预案相衔接，并定期组织演练。

（2）其他地方性法规示例。

《广东省防汛防旱防风条例》：台风期间停工停课的执行标准。

《上海市消防条例》：高层建筑消防设施配置的强制性要求。

4. 部门规章

（1）《安全生产违法行为行政处罚办法》（国家安全生产监督管理总局令第 15 号）。

核心内容：细化行政处罚程序，包括立案时限（15 日内）、证据收集规则及听证程序。

重点条款：执法人员需两人以上并出示证件，现场检查记录需当事人签字确认。

（2）《突发事件应急预案管理办法》（国办发〔2024〕5 号）。

核心内容：指导应急预案的编制、审批、备案、演练及修订，强调动态管理和实操性。

关键要求：政府总体应急预案每 3 年至少修订一次，基层方案每 2 年修订一次；专项应急预案每年演练一次，企事业单位预案每年至少演练一次。

（3）《生产安全事故罚款处罚规定》（应急管理部令第 14 号，2024 年 3 月 1 日施行）。

核心内容：明确生产安全事故中事故发生单位及其责任人员的罚款标准，根据事故等级（一般、较大、重大、特别重大）和情节严重程度分级处罚。

具体条款：对特别重大事故单位最高罚款 2000 万元，主要负责人按年收入 100% 处罚；细化迟报、漏报、谎报、瞒报事故的认定标准及处罚措施。

5. 法律适用原则

（1）特别法优于一般法。

例如，疫情期间优先适用《中华人民共和国传染病防治法》而非《中华人民共和国突发事件应对法》。

(2) 程序合法性。

行政执法必须履行立案、调查、告知、听证、决定、送达等程序(《中华人民共和国行政处罚法》第四条)。

(3) 过罚相当。

处罚力度须与违法行为危害性匹配，如一般隐患责令整改，重大隐患直接停产。

(二) 应急管理行政执法文书

1. 文书类型与功能

(1) 现场检查记录。

要点：记录检查时间、地点、发现的问题(如消防通道堵塞)，当事人签字确认。

(2) 责令限期整改通知书。

内容：明确违法事实(依据《中华人民共和国安全生产法》第××条)、整改要求(如3日内消除隐患)、逾期后果。

(3) 行政处罚决定书。

结构：当事人信息、违法事实及证据、处罚依据(法律条文)、处罚内容(如罚款××元)、救济途径(复议或诉讼期限)。

(4) 行政强制决定书。

适用情形：紧急情况下强制疏散、临时征用设施，须载明强制措施的法律依据(如《中华人民共和国突发事件应对法》第十二条)。

(5) 调查询问笔录。

要求：如实记录被询问人陈述，由当事人逐页签名捺印，两名执法人员签字。

(6) 听证告知书。

触发条件：拟作出较大数额罚款(如个人5000元以上)时，告知当事人申请听证的权利(如3日内提出)。

2. 文书制作规范

法定形式：加盖执法机关公章，载明文书编号、签发日期。

证据链衔接：文书需与现场照片、检测报告等证据相互印证，形成完整证据链。

(三) 注意事项

1. 法律适用时效性

如新冠疫情期间，优先适用《中华人民共和国传染病防治法》而非一般应急法律，需注意特别法优先。

2. 程序合法性

行政处罚须履行立案、调查、告知、决定、送达等步骤，程序瑕疵可能导致执法行为无效。

3. 救济途径明示

文书中必须注明当事人可60日内申请行政复议或6个月内提起行政诉讼。

4. 文书归档

按《中华人民共和国档案法》保存期限：一般案件保存10年，重大案件永久保存。

示　例

行政处罚决定书结构

××应急管理局行政处罚决定书

（×）应急罚〔2024〕×号

当事人：××公司

地址：××市××区××路×号

经查，你单位未按规定开展应急演练（《中华人民共和国安全生产法》第八十一条），以上事实有现场检查记录、询问笔录为证。

依据《中华人民共和国安全生产法》第九十四条，决定处以罚款人民币贰万元整。

如不服本决定，可在60日内向××人民政府申请复议，或6个月内向××法院起诉。

××应急管理局（公章）

2024年×月×日

案例分析

江苏响水天嘉宜化工有限公司“3·21”特别重大爆炸事故出处：国务院《江苏响水天嘉宜化工有限公司“3·21”特别重大爆炸事故调查报告》

基本案情：2019年3月21日，江苏省盐城市响水县生态化工园区内的天嘉宜化工有限公司因长期违规储存硝化废料引发爆炸，造成78人死亡、76人重伤，直接经济损失19.86亿元。事故暴露企业未履行安全生产主体责任，应急管理部门执法缺位，地方监管部门未有效监督隐患整改。

关联知识点分析。

1. 执法主体与权限

（1）响水县应急管理局未依法履行安全生产综合监管职责，未对天嘉宜公司重大隐患（如硝化废料超量储存）进行有效查处。

（2）江苏省应急管理厅未督促落实危化品安全监管责任，未对跨区域执法协调机制进行规范。

2. 执法程序与要求

（1）现场检查流于形式：执法人员多次检查但未发现企业未按《危险化学品安全管理条例》设置安全警示标志、未建立应急预案等问题。

（2）执法文书不规范：检查记录中未明确整改时限，未跟踪复查隐患闭环管理。

3. 法律依据

（1）企业违反《中华人民共和国安全生产法》第四十一条（未建立隐患排查制度）、第四十一条（未消除重大事故隐患）。

（2）地方监管部门违反《中华人民共和国安全生产法》第六十六条（未依法履行监管职责）。

4. 思考启示

（1）应急管理行政执法需强化“全过程监督”，避免“以罚代管”。

（2）执法人员应严格执行《安全生产违法行为行政处罚办法》，对重大隐患采取查封、停产等强制措施。

第二节 法律责任

一、应急管理违法行为的认定与分类

在应急管理中，违法行为的认定与分类需基于法律法规明确规定的义务和禁止性条款，结合行为性质、危害后果及责任主体进行系统划分。

（一）违法行为认定的基本原则

1. 法律依据明确

违法行为认定必须严格依据《中华人民共和国突发事件应对法》《中华人民共和国安全生产法》《中华人民共和国传染病防治法》等法律，以及配套行政法规（如《生产安全事故应急条例》）、部门规章和地方性法规。

示例：《中华人民共和国安全生产法》第九十七条，企业未按照规定制定生产安全事故应急救援预案或未定期组织演练，可直接认定为违法。

2. 构成要件分析

客观行为：未履行法定义务（如未编制应急预案）或实施禁止性行为（如阻碍应急救援）。

主观过错：包括故意（如谎报灾情）和过失（如管理疏忽导致应急设施失效）。

因果关系：违法行为与危害后果（如事故扩大、救援延误）存在直接关联。

危害后果：部分违法行为需实际造成损害（如重大人员伤亡），但部分仅需违反义务即构成违法（如未开展应急培训）。

（二）违法行为的分类方式

1. 按应急管理阶段分类

按应急管理阶段，违法行为可分为以下几类，如表 7－1 所示。

表 7－1　按应急管理阶段分类的违法行为

阶段	违法行为类型	法律依据
预防与准备阶段	未制定应急预案、未储备应急物资、未开展应急演练	《中华人民共和国安全生产法》第九十七条
监测与预警阶段	迟报/谎报/瞒报突发事件信息、未及时发布预警	《中华人民共和国突发事件应对法》第三十九条、第六十三条
处置与救援阶段	拒不执行疏散命令、阻碍应急救援、挪用救灾物资	《中华人民共和国突发事件应对法》第九十五条、《中华人民共和国刑法》第二百七十七条（妨害公务罪）
恢复与重建阶段	虚报灾情骗取救助资金、未按规划重建防灾设施	《自然灾害救助条例》第二十九条、《中华人民共和国防震减灾法》第八十七条

2. 按违法领域分类

（1）安全生产领域：企业未落实安全生产主体责任（如未排查隐患、未配备应急设备）。

示例：某化工厂未按规定存储危化品，导致泄漏事故扩大，依据《中华人民共和国安全生产法》第一百零一条处罚。

（2）公共卫生领域：疫情期间拒绝隔离、违规经营高风险场所。

示例：个体诊所隐瞒发热患者信息，违反《中华人民共和国传染病防治法》第三十七条。

（3）自然灾害领域：侵占河道建房影响防洪、破坏地震监测设施。

示例：某开发商在泄洪通道违规施工，依据《中华人民共和国防洪法》第五十七条强制拆除。

3. 按法律责任类型分类

按法律责任类型，违法行为可分为以下几类，如表 7－2 所示。

表 7－2　按法律责任类型分类的违法行为

责任类型	违法行为特征	法律后果
行政违法	违反行政管理规定但未构成犯罪（如未备案应急预案）	行政处罚（警告、罚款、暂扣许可证等）
刑事犯罪	行为严重危害公共安全（如故意传播突发传染病病原体）	追究刑事责任（如《中华人民共和国刑法》第三百三十条妨害传染病防治罪）
民事侵权	因过错导致他人人身或财产损失（如企业泄漏污染物影响居民健康）	承担赔偿责任（依据《中华人民共和国民法典》第一千一百六十五条）

（三）典型违法行为认定示例

（1）未履行应急预案义务。

认定标准：企业未编制综合/专项应急预案，或未向监管部门备案。

法律依据：《生产安全事故应急条例》第七条。

处罚：责令限期改正，逾期未改处 5 万以上 10 万元以下罚款。

（2）阻碍应急救援。

认定标准：个人以暴力、威胁方式阻止救援队伍进入现场。

法律依据：《中华人民共和国治安管理处罚法》第六十一条。

处罚：治安管理处罚（拘留、罚款），情节严重者追究刑事责任。

（3）谎报突发事件信息。

认定标准：编造并传播有关突发事件的虚假信息，或者明知是有关突发事件的虚假信息而进行传播。

法律依据：《中华人民共和国突发事件应对法》第九十七条。

处罚：责令改正，给予警告；造成严重后果的，依法暂停其业务活动或者吊销其许可证件；负有直接责任的人员是公职人员的，还应当依法给予处分。

（四）认定中的注意事项

（1）法律竞合处理。同一行为违反多部法律时，优先适用特别法（如疫情期间优先适用《中华人民共和国传染病防治法》）。

（2）证据链完整性。需通过现场记录、证人证言、检测报告等证据形成闭环，避免因证据不足导致认定无效。

（3）过罚相当原则。根据行为危害性分级处罚（如一般隐患限期整改，重大隐患立即停产）。

（4）免责情形。因不可抗力（如地震导致通信中断无法报灾）或紧急避险（为救人强行征用物资）可减轻或免除责任。

（五）分类与认定流程

违法行为的分类与认定流程如图 7 – 1 所示。

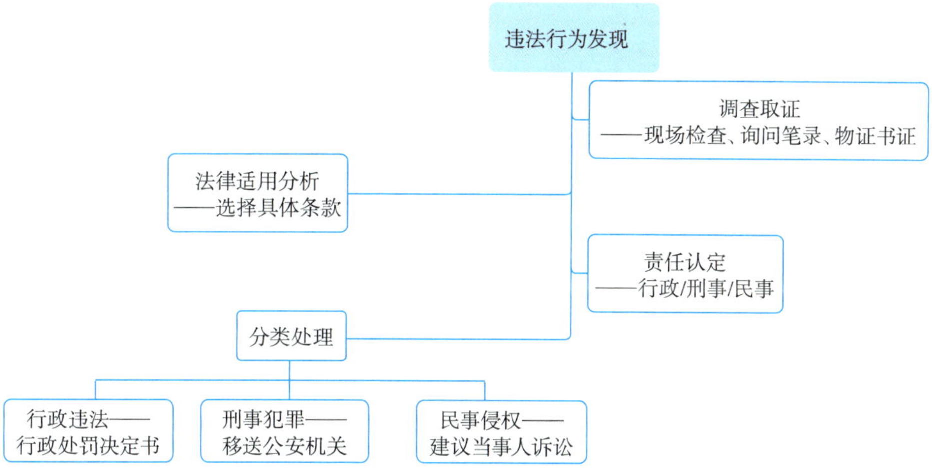

图 7－1　违法行为的分类与认定流程

二、法律责任的形式与承担方式

（一）法律责任的形式

1. 行政责任

适用情形：政府机关、企事业单位或个人在应急管理中存在行政违法行为（如未履行应急预案职责、瞒报谎报信息、未采取必要应急措施等）。

法律依据：《中华人民共和国突发事件应对法》《中华人民共和国安全生产法》《生产安全事故应急条例》。

承担方式：

对单位——警告、罚款、责令停产停业、吊销许可证或营业执照等。

对个人——警告、记过、降级、撤职、开除等行政处分。

2. 民事责任

适用情形：应急管理中的过错行为（如企业安全生产事故、政府失职）导致他人人身或财产损失。

法律依据：《中华人民共和国民法典》（侵权责任编）、《中华人民共和国国家赔偿法》。

承担方式：赔偿损失（医疗费、财产损失、精神损害赔偿等），恢复原状（如修复受损环境或设施）。

3. 刑事责任

适用情形：行为严重违反法律规定，构成犯罪（如玩忽职守、重大责任事故、危害公共安全等）。

法律依据：《中华人民共和国刑法》（如第一百三十四条重大责任事故罪、第三百九十九条玩忽职守罪等）。

承担方式：

对个人——有期徒刑、拘役、罚金；

对单位——罚金，相关责任人连带刑事责任。

4. 党纪责任

适用情形：党员或公职人员在应急管理中失职渎职、违反党纪。

法律依据：《中国共产党纪律处分条例》《中华人民共和国公职人员政务处分法》。

承担方式：党内警告、严重警告、撤销党内职务、留党察看、开除党籍，政务处分（如降级、撤职、开除公职）。

（二）不同主体的责任承担方式

1. 政府及相关部门

责任形式：以行政责任和刑事责任为主。

典型案例：未及时发布预警信息导致损失扩大追究行政处分，滥用职权或玩忽职守追究刑事责任（如玩忽职守罪）。

2. 企事业单位

责任形式：行政责任、民事责任、刑事责任并存。

典型案例：企业未制定应急预案导致事故追究行政处罚，安全生产设施缺失引发伤亡追究民事赔偿和刑事责任。

3. 个人（公民、企业负责人）

责任形式：可能涉及所有责任类型。

典型案例：个人故意传播虚假灾情信息给予行政拘留或刑事处罚，企业负责人未履行安全管理职责给予罚款、刑事追责。

4. 社会组织（如救援机构）

责任形式：以民事责任为主（如救援过程中因过错导致二次伤害）。

（三）特殊情形的责任承担

1. 紧急状态下的免责条款

在紧急情况下，为公共利益采取必要措施造成损害，若不存在故意或重大过失，可部分或全部免责（如《中华人民民法典》第一百八十二条紧急避险）。

2. 连带责任

多方共同过错导致事故时，按责任比例分担（如企业与第三方服务机构共同担责）。

3. 国家赔偿

政府应急措施不当或违法导致公民损失，受害人可申请国家赔偿。

（四）法律责任的预防与完善

事前预防：完善应急预案体系，加强应急演练和培训，落实企业安全生产主体责任。

事后追责：建立多部门联合调查机制；公开透明处理结果，强化警示作用。

三、责任追究的程序与机制

应急管理中的责任追究是确保突发事件应对过程中权责明晰、行为规范的重要制度安排。其核心在于通过程序公正、机制完善的问责体系，推动各方主体依法履职，减少失职渎职行为。

（一）责任追究的核心程序

1. 事件调查与评估

启动条件：突发事件造成重大损失、社会影响恶劣或存在明显人为失职线索时启动。

调查主体：成立由应急管理、纪检监察、行业主管部门、法律专家等组成的联合调查组，确保独立性。

调查内容：事件原因、应急处置流程、资源配置、决策合理性、制度漏洞等。

证据收集：通过现场勘查、数据调取、人员访谈等方式固定证据链，形成调查报告。

2. 责任界定与划分

责任类型：

直接责任——具体执行者的过失或违法行为（如瞒报、迟报、处置不当）；

领导责任——分管领导或主要负责人的决策失误、监管不力；

监管责任——行业主管部门或监督机构未履行法定职责。

判定标准：依据法律法规（如《中华人民共和国突发事件应对法》《中华人民共和国安全生产法》）、应急预案、岗位职责等综合判定。

3. 责任处理与执行

行政问责：对失职公职人员采取警告、记过、降级、撤职等处分（依据《中华人民共和国公务员法》《中国共产党问责条例》）。

法律追责：涉及犯罪的移交司法机关追究刑事责任（如玩忽职守罪、滥用职权罪）。

经济赔偿：要求责任主体对损失进行赔偿（如企业环境污染事故中的生态修复费用）。

4. 信息公开与申诉

结果公示：通过政府网站、新闻发布会等渠道向社会公开调查结论及处理结果。

申诉机制：允许被追责对象通过行政复议、诉讼等途径维护合法权益，防止误判。

（二）责任追究的关键机制

1. 法律保障机制

以《中华人民共和国突发事件应对法》《生产安全事故报告和调查处理条例》等为基础，明确责任主体、追责范围及标准。

地方性法规与应急预案细化操作流程（如《××省突发事件应急管理条例》）。

2. 组织协调机制

多部门联动：应急管理部门牵头，纪委监委、公安、司法、行业主管单位协同参与。

分级管理：按事件级别（Ⅰ～Ⅴ级）明确不同层级政府的问责权限。

3. 监督与反馈机制

内部监督：上级政府或主管部门定期检查下级应急管理工作落实情况。

外部监督：媒体、公众通过举报、舆情等渠道推动问责（如国务院“互联网+督查”平台）。

整改闭环：要求责任单位提交整改报告，并跟踪复查整改效果。

4. 容错与激励机制

容错免责：对不可抗力、制度缺陷或创新探索导致的失误，经评估后可减轻或免除责任。

正向激励：对应急处置中表现突出的个人或集体给予表彰奖励，避免“只罚不奖”挫伤积极性。

案例分析

天津港“8·12”瑞海公司危险品仓库特别重大火灾爆炸事故

出处：国务院《天津港“8·12”瑞海公司危险品仓库特别重大火灾爆炸事故调查报告》。

基本案情：2015年8月12日，天津市瑞海国际物流有限公司危险品仓库因硝化棉自燃引发爆炸，造成165人死亡、8人失踪，直接经济损失68.66亿元。事故主因是瑞海公司违法建设危化品堆场、监管部门审批渎职、地方规划违规。

关联知识点分析

1. 违法行为认定与分类

（1）行政违法：瑞海公司未取得“危险化学品经营许可证”违规经营（违反《危险化学品安全管理条例》第三十三条）。

（2）刑事犯罪：公司实际控制人于学伟等12人因“重大责任事故罪”“行贿罪”被判处死刑缓期执行或无期徒刑。

（3）监管责任：天津市交通运输委员会原主任武岱等25名公职人员因滥用职权、玩忽职守被追究刑事责任。

2. 责任类型区分

（1）直接责任：瑞海公司违规混存硝酸铵与易燃物，直接引发爆炸。

（2）领导责任：天津港集团原董事长张丽丽未落实安全生产“一岗双责”，被开除党籍并移送司法部门。

（3）民事责任：事故造成周边居民财产损失，瑞海公司需赔偿超50亿元（依据《中华人民共和国民法典》第一千二百三十条）。

3. 法律适用

（1）应急管理部引用《生产安全事故报告和调查处理条例》第三条，将事故定性为“特别重大事故”。

（2）法院依据《中华人民共和国刑法》第一百三十四条（重大责任事故罪）、第三百八十五条（受贿罪）对责任人量刑。

4. 思考启示

（1）责任追究需坚持“一案双查”，既查企业主体责任，也查监管失职渎职。

（2）民事赔偿与刑事追责并行，体现“过罚相当”原则。

复习与思考

一、单项选择题

1. 应急管理行政执法的核心主体是（　　）。

A. 公安机关　　B. 市场监管部门

C. 各级应急管理部门　　D. 生态环境部门

2. 下列不属于应急管理行政处罚权的是（　　）。

A. 责令停产停业整顿　　B. 查封危险化学品

C. 组织事故调查　　D. 吊销安全生产许可证

3. 对公民当场罚款的简易程序上限是（　　）。

A. 100 元　　B. 200 元　　C. 500 元　　D. 1000 元

4. 依据《中华人民共和国安全生产法》，企业未定期开展应急演练的罚款上限是（　　）。

A. 2 万元　　B. 5 万元　　C. 10 万元　　D. 20 万元

5. 应急管理行政执法中必须履行听证程序的处罚情形是（　　）。

A. 对个人罚款 3000 元　　B. 对单位罚款 2 万元

C. 吊销安全生产许可证　　D. 责令限期整改

6. 危险化学品非法储存的最高罚款金额为（ ）。

A. 10 万元　　B. 20 万元　　C. 30 万元　　D. 50 万元

7. 生产安全事故谎报行为的单位罚款范围为（ ）。

A. 10 万～50 万元　　B. 100 万～500 万元

C. 50 万～100 万元　　D. 200 万～1000 万元

8. 应急管理执法中证据登记的保存期限是（ ）。

A. 5 日　　B. 7 日　　C. 15 日　　D. 30 日

9.《生产安全事故应急条例》规定企业应急演练的最低频次是（ ）。

A. 每月一次　　B. 每季度一次

C. 每半年一次　　D. 每年一次

10. 疫情期间优先适用的专项法律是（ ）。

A.《中华人民共和国突发事件应对法》

B.《中华人民共和国传染病防治法》

C.《中华人民共和国安全生产法》

D.《中华人民共和国防震减灾法》

二、多项选择题

1. 应急管理行政执法的权限包括（ ）。

A. 综合监督管理　　B. 准入许可审批

C. 事故调查处理　　D. 民事诉讼调解

2. 应急管理行政执法程序的主要环节包括（ ）。

A. 立案调查　　B. 听证程序

C. 行政复议　　D. 执行与结案

3. 下列属于重点执法领域的是（ ）。

A. 工贸企业粉尘涉爆　　B. 危险化学品运输

C. 烟花爆竹零售　　D. 建筑企业招投标管理

4. 行政处罚决定书必须载明的内容有（ ）。

A. 违法事实及证据　　B. 执法人员个人信息

C. 处罚依据的法律条款　　D. 当事人救济途径

5. 应急管理违法行为的责任类型包括（ ）。

A. 行政责任　　B. 民事责任

C. 刑事责任　　D. 道德责任

6. 行政执法中适用简易程序的条件是（　　）。

A. 违法事实清晰　　B. 对法人罚款 5000 元以下

C. 涉及行政强制措施　　D. 须回避执法人员

7. 事故调查处理权的核心内容包括（　　）。

A. 追究刑事犯罪　　B. 监督责任落实情况

C. 协调媒体发布　　D. 应急物资配发

8. 责任追究程序中的“整改闭环”要求包括（　　）。

A. 提交整改报告　　B. 公开处理结果

C. 跟踪复查效果　　D. 免除行政处罚

9. 应急管理行政执法的法律依据包括（　　）。

A. 《生产安全事故应急条例》　　B. 《危险化学品安全管理条例》

C. 《中华人民共和国消防法》　　D. 《中华人民共和国民法典》

10. 适用免责的情形包括（　　）。

A. 不可抗力导致的失误　　B. 紧急避险行为

C. 主观故意隐瞒信息　　D. 领导决策失误

三、简答题

请简述应急管理行政执法中行政处罚的一般程序要求。

第八章

国际应急管理法律法规与合作

学习目标

知识目标	（1）了解国际公约与协定中关于应急管理的规定。 （2）了解国外应急管理法律法规相关内容。 （3）熟悉国际应急救援的协调与合作。 （4）熟悉国际应急物资的援助与共享。 （5）了解跨国突发事件的应对与处置。
技能目标	（1）能够判断我国是哪些国际公约与协定的缔约国。 （2）能够认识在国际应急救援活动中我国扮演的角色。
职业道德和素养目标	强化学生在应急管理中的团结互助与团队精神，培育英勇无畏、协同作战的职业道德。

知识图谱

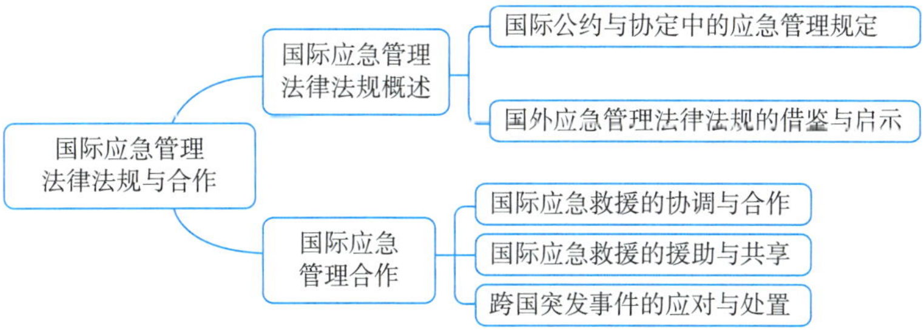

第一节 国际应急管理法律法规概述

国际应急管理框架的核心在于通过规则约束和合作机制，将“事后响应”转向“事前预防”，并推动公平的全球责任分担。就国际应急管理领域而言，主权国家间就该项事件达成共识并签订相关条约，条约制定国以及自愿加入或者遵守并同意签约的其他主权国家均以条约为共同纲领，在该条约约束下，行使权利和履行义务。

国际层面的应急管理法律法规通常以国际公约的形式呈现。我国作为缔约国的国际公约有《国际卫生条例》《联合国气候变化框架公约》《巴黎协定》《核事故或辐射紧急情况援助公约》《及早通报核事故公约》等。

一、国际公约与协定中的应急管理规定

（一）《国际卫生条例（2005）》

《国际卫生条例（2005）》（International Health Regulations）是一部具有普遍约束力的国际卫生法，中华人民共和国是其缔约国。《国际卫生条例（2005）》要求各缔约国应当发展、加强和保持其快速有效应对国际关注的突发事件的应急核心能力，并在 2012 年 6 月 15 日，发现、评估、报告、通报和处置突发事件的能力全部达标，不能如期达标可申请延期。

2024 年 6 月 1 日，世界卫生大会通过一揽子《国际卫生条例（2005）》修正案，以确保所有国家建立起全面、健全的公共卫生制度，加强全球对大流行病等突发事件的防范、监测和应对能力。《国际卫生条例（2005）》共分十编六十六条，即定义、目的以及范围、原则和负责当局；信息和公共卫生应对措施；建议；入境口岸；公共卫生措施；卫生文件；收费；一般条款；《国际卫生条例》专家名册、突发事件委员会和审查委员会；最终条款。这些条款中关于应急管理的规定主要体现在监测与报告、应对措施、能力建设、入境口岸管理、信息共享与透明度等几个方面。

1. 监测与报告

《国际卫生条例（2005）》要求各缔约国报告所有“可能构成国际关注的突发公共卫生事件”的事件。当规定事件发生后，缔约国负责通过国家归口单位，在评估

本国公共卫生信息后，向世界卫生组织（WHO）通报规定事件。发生事件的缔约国在24小时内报告，并后续及时提供详细信息和进展情况。WHO可考虑官方通报和协商以外的信息来源，评估后要求相关缔约国核实具体事件。

《国际卫生条例（2005）》中的“事件”是指发生疾病或可能发生疾病的情况。“疾病”是指对人类构成或可能构成严重危害的任何疾病或病症，无论其病因或来源如何。“公共卫生危害”是指可能对人群健康产生不利影响，尤其是可能在国际上传播或构成严重和直接危险的情况。

2. 应对措施

《国际卫生条例（2005）》中的应对措施可分为临时建议和长期建议，同时协调国际应对突发事件。

临时建议系指WHO根据《国际卫生条例（2005）》在应对国际关注的突发公共卫生事件时提出的、有时间限定并建立在特定风险基础上的非约束性建议，以便防止或减少疾病的国际传播和尽量减少对国际交通的干扰。

《国际卫生条例（2005）》第十五条为“临时建议”，共有三款，分别为以下内容。

（1）若按《国际卫生条例（2005）》第十二条确定正发生国际关注的突发事件，总干事应当根据《国际卫生条例（2005）》第四十九条规定的程序发布临时建议。可酌情（包括在确定国际关注的突发事件已经结束后）修改或延续此类临时建议，此时也可按需要发布旨在预防或迅速发现其卷土重来的其他临时建议。

（2）临时建议可包括遭遇国际关注的突发事件的缔约国或其他缔约国对人员、行李、货物、集装箱、交通工具、物品和（或）邮包拟采取的卫生措施，其目的在于防止或减少疾病的国际传播和避免对国际交通的不必要干扰。

（3）临时建议可根据《国际卫生条例（2005）》第四十九条规定的程序随时撤销，并应在公布三个月后自动失效。临时建议可修改或再延续三个月。临时建议至多可持续到确定与其有关的国际关注的突发事件之后的第二届世界卫生大会。

长期建议系指WHO根据《国际卫生条例（2005）》第十六条提出的有关适宜卫生措施的非约束性建议，建议系针对现有的特定公共卫生危害、为防止或减少疾病的国际传播和尽量减少对国际交通的干扰而需要常规或定期采取的措施。

《国际卫生条例（2005）》第十六条为长期建议，主要内容为WHO可根据《国际卫生条例（2005）》第五十三条提出关于常规或定期采取适宜卫生措施的长期建议。缔约国可针对正发生的特定公共卫生危害对人员、行李、货物、集装箱、交通工具、物品和（或）邮包采取以上措施，其目的为防止或减少疾病的国际传播和避免对国际交通的不必要干扰。WHO 可根据《国际卫生条例（2005）》第五十三条适时修改或撤销长期建议。

3. 能力建设

《国际卫生条例（2005）》要求各缔约国应当发展、加强和保持其快速有效应对国际关注的突发事件的应急核心能力，包括在发现、评估、报告、通报和处置等方面的能力，并规定在 2012 年 6 月 15 日前达标，如建立高效的监测系统、具备实验室检测能力等。

（1）当地社区层面和（或）基层公共卫生应对层面的能力要求包括以下内容。

发现在本国领土的所有地区于特定时间和地点发生的超过预期水平的涉及疾病或死亡的事件，立即向相应的卫生保健机构报告所掌握的一切重要信息。在社区层面，应该向当地社区卫生保健机构或合适的卫生人员报告。在基层公共卫生层面，应该根据组织结构向中层或国家机构报告。重要信息包括临床记录、实验室结果、风险的来源和类型、患病人数和死亡人数、影响疾病传播的条件和所采取的卫生措施，立即采取初步控制措施。

（2）中层公共卫生应对能力要求包括以下内容。

确认所报告事件的状况并支持或采取额外控制措施；立即评估报告的事件，如发现情况紧急，则向国家级机构报告所有重要信息。就本附件而言，紧急事件的标准包括严重的公共卫生影响和（或）不寻常或意外的、具有巨大传播潜力的特性。

（3）国家层面评估和通报的能力要求包括以下内容。

在 48 小时内评估所有紧急事件的报告；如评估结果表明，根据第六条第一款和附件 2 该事件属应通报事件，则通过《国际卫生条例》国家归口单位根据第七条和第九条第二款的要求立即通报世界卫生组织。

（4）国家层面公共卫生应对的能力要求包括以下内容。

迅速决定为防止国内和国际传播需采取的控制措施；通过专业人员、对样品的实验室分析（在国内或通过合作中心）和后勤援助（如设备、供应和运输）提供支持；提供需要的现场援助，以补充当地的调查；与高级卫生官员和其他官员建立直接业务联系，以迅速批准和执行遏制和控制措施；与其他有关政府部门建立直接联系；以现有最有效的通信方式与医院、诊所、机场、港口、陆路口岸、实验室和其他重要的业务部门联系，以传达从 WHO 收到的关于在缔约国本国领土和其他缔约国领土上发生事件的信息和建议；制定、实施和保持国家突发事件应急预案，包括建立多学科、多部门工作组以应对可构成国际关注的突发公共卫生情况的事件；全天 24 小时执行上述措施。

4. 入境口岸管理

根据《国际卫生条例（2005）》的规定，针对入境口岸管理可分为卫生措施实施和无疫通行保障。

（1）卫生措施实施。缔约国应确保在入境口岸采取适当卫生措施，如对交通工具、人员、货物等进行检查、消毒、除虫等，防止疾病传入和传出，可在入境口岸设立卫生检疫设施和人员。

（2）无疫通行保障。规定满足一定条件的交通工具应给予无疫通行，避免不必要干扰国际交通和贸易，如船舶、飞机等在符合卫生要求时应允许进入港口、着陆等。

5. 信息共享与透明度

（1）信息交流机制。为了推动缔约国之间以及缔约国与 WHO 之间的信息共享，缔约国应及时向 WHO 提供相关公共卫生信息，WHO 应向缔约国通报全球公共卫生风险和事件情况，如通过全球疫情警报和反应网络（GOARN）共享疫情信息。

缔约国如果有证据表明在其领土内存在可能构成国际关注的突发事件的出乎预料或不寻常的公共卫生事件，不论其起源或来源如何，应立即向 WHO 提供所有相关的公共卫生信息。

（2）透明度要求。要求缔约国在实施卫生措施等方面保持透明度，措施应基于科学证据，以非歧视方式实施，避免不合理的贸易和旅行限制，措施实施情况和依据应向 WHO 和其他缔约国公开。

（二）《联合国气候变化框架公约》

《联合国气候变化框架公约》是指联合国大会于 1992 年 5 月 9 日通过的一项公约。同年 6 月在巴西里约热内卢召开的由世界各国政府首脑参加的联合国环境与发展会议期间开放签署。1994 年 3 月 21 日，该公约生效。地球峰会上由 150 多个国家以及欧洲经济共同体共同签署。

《联合国气候变化框架公约》中没有专门针对“应急”的独立章节或具体条款，但在相关缔约方大会决议等文件中涉及一些与应急相关的内容，如2022年《联合国气候变化框架公约》第27次缔约方大会（COP27）发布了《全民预警行动计划》。

《联合国气候变化框架公约》第四条要求：各缔约方在应对气候变化方面承担共同但有区别的责任。所有缔约方有义务采取行动应对气候变化，包括制定和实施减缓气候变化的政策和措施，以及适应气候变化的影响。对于发展中国家缔约方，其有效履行承诺在一定程度上取决于发达国家缔约方在资金和技术转让方面的支持，这也间接为发展中国家在应对气候相关紧急情况时提供了一定的保障和基础。

2022年，在埃及举行的第27届联合国气候变化大会上，联合国秘书长古特雷斯公布了《全民预警行动计划》。该计划要求在未来五年内，向地球上每个人都提供预警，以抵御日益极端和危险的天气。这一计划由世界气象组织及其合作伙伴共同起草，包含风险知识和管理、观测与预报、传播与沟通、灾备与应对等四根支柱，旨在构建完整的灾害预警体系，帮助人们和各级政府、社区、组织提早获取可能引发灾害的天气、气候信息，有足够时间采取行动，减少极端天气气候事件造成的损失。

2024年，在第29次缔约方大会上，联合国秘书长古特雷斯就“全民早期预警”和“应对极端高温”召开高级别会议。世界气象组织和联合国减少灾害风险办公室共同发布《2024年全球多灾种预警系统现状》，强调了全球预警覆盖率的重要性，推动了全球气候应急预警体系的进一步发展。

（三）《巴黎协定》

《巴黎协定》（The Paris Agreement）是由全世界178个缔约方共同签署的气候变化协定，是对2020年后全球应对气候变化的行动作出的统一安排。《巴黎协定》是人类历史上应对气候变化的第三个里程碑式的国际法律文本，奠定了2020年后全球气候治理格局，旨在通过全球合作，共同应对气候变化，保护地球生态环境，实现可持续发展。

《巴黎协定》中虽没有专门针对应急的独立章节，但在损失和损害、适应等相关内容中间接涉及应急相关的事项，主要包括损失和损害、适应能力、透明度和信息共享、技术和能力建设等方面。

1. 损失和损害

《巴黎协定》将损失和损害作为一项独立条款纳入，强调需要加强理解、行动和支持的领域，包括预警系统、应急准备、全面的风险评估和管理等。2022 年，COP27 决定设立损失和损害基金，2023 年 COP28 通过了损失与损害资金机制运作决议，明确了资金的运作主体、资金获取资格、基金的供资安排和资金安排的治理形式等，旨在为因气候变化而遭受损失和损害的脆弱国家提供资金支持，帮助它们更好地开展应急等相关工作。

2. 适应能力

《巴黎协定》确立了关于提高适应能力、加强复原力和减少对气候变化脆弱性的全球适应目标。鼓励各国制订并实施适应计划，这些计划可能包含应对气候相关紧急情况的措施，如建设能够抵御极端天气事件的基础设施、制定农业适应策略以应对干旱或洪涝等灾害，从而在一定程度上增强了应对应急情况的能力。

3. 透明度和信息共享

《巴黎协定》要求缔约方加强气候变化相关信息的透明度和报告，包括温室气体排放、适应行动和进展等方面。这有助于各国及时了解气候变化的现状和趋势，为制定应急响应措施提供科学依据，也便于在国际层面进行协调和合作。

4. 技术和能力建设

《巴黎协定》强调技术开发与转让以及能力建设的重要性，帮助发展中国家提升应对气候变化的能力，包括应急响应能力。通过提供技术支持和培训，发展中国家能够更好地监测和预警气候相关灾害，制定有效的应急预案，并在灾害发生时进行及时、有效的应对。

（四）《核事故或辐射紧急情况援助公约》

《核事故或辐射紧急情况援助公约》是在国际原子能机构主持下制定的一项国际公约，旨在进一步加强安全发展和利用核能方面的国际合作，建立一个将有利于在发生核事故或辐射紧急情况时迅速提供援助，以尽量减少其后果的国际援助体制，于 1986 年 9 月 24 日经在维也纳召开的国际原子能机构特别大会上通过，1986 年 10 月 27 日生效，截至 1993 年 2 月 25 日，共有 68 个成员国，1987 年 10 月 11 日对我国生效。《核事故或辐射紧急情况援助公约》关于应急的内容可归纳为援助的提供，对援助的指导和管理，主管当局和联络点，机构的职责，费用的偿还，特权、豁免和便利，人员、设备和财物的过境，索赔和补偿。

1. 援助的提供

缔约国在发生核事故或辐射紧急情况时，不论事故或紧急情况是否起始于其领土、管辖或控制范围内，都可直接或通过机构向其他缔约国、机构或其他政府间国际组织请求援助。请求国应详细说明所需援助的范围和种类，并按实际可能向援助方提供必要的情报。被请求缔约国应迅速决定并通知请求国，能否提供所请求的援助及其范围和条件。各缔约国应在力所能及的范围内确定并通知机构，在核事故或辐射紧急情况下可动用的专家、设备和物资以及提供援助的条件。

2. 对援助的指导和管理

除另有协议外，对援助的全面指导、管理、协调和监督是请求国在其领土范围内的责任。援助方应与请求国协商指定人员负责并对所提供的人员和设备保持直接的业务监督。请求国应尽其所能为援助的妥善和有效管理提供当地的设施和劳务，并保证对援助方的人员、设备和物资予以保护。同时，要确保援助期间任何一方提供的设备和物资的所有权不变动，并保证归还。提供援助的缔约国在响应人员医疗或安置请求时，应在其领土内协调此类援助。

3. 主管当局和联络点

各缔约国应将其授权提出和接收援助请求以及接受援助建议的主管当局和联络点通知机构并直接或通过机构通知其他缔约国，且这类联络点和机构内的联络中心应连续不断地可供使用。若有变化，各缔约国应迅速通知机构，机构则应将相关情况经常和迅速地提供给各缔约国、成员国以及有关国际组织。

4. 机构的职责

机构应向各缔约国和成员国收集和传播在发生核事故或辐射紧急情况时可以动用的专家、设备和物资，以及关于核事故或辐射紧急情况应急的方法、技术和可供使用的研究成果等情报。当任一缔约国或成员国提出请求时，协助其制订有关核事故和辐射紧急情况的应急计划和法律、培训处理核事故和辐射紧急情况的人员、传递援助请求和有关情报、制订辐射监测计划等。在发生核事故或辐射紧急情况时，向请求援助的缔约国或成员国提供用于初步评价的适当资源，在各缔约国和成员国之间起中介作用，与有关国际组织建立并保持联络，获取和交换有关情报和资料。

5. 费用的偿还

援助方可向请求国免费提供援助，在考虑是否免费提供时，应考虑核事故或辐射紧急情况的性质和起源地、发展中国家的需要、无核设施国家的特殊需要以及其他有关因素。当援助是以全部偿还或部分偿还为基础提供时，请求国应向援助方偿还代表其行事的人员或组织提供的劳务所开支的费用以及不由请求国直接支付的与援助有关的所有费用。援助方也可放弃全部或部分偿还要求或同意延期偿还。

6. 特权、豁免和便利

请求国应给予援助方的人员和代表其行事的人员必要的特权、豁免和便利，以便履行援助职务，包括豁免逮捕、拘留和法律程序，免除征税、关税或其他课征。对援助方为援助目的而运入的设备和财物，请求国应免除征税、关税或其他课征，并免予没收、扣押或征用，同时确保归还，应援助方要求，尽力安排对可收回设备进行清除污染。请求国还应对相关人员以及设备和财物在进入、停留和离开其国家领土方面提供便利。

7. 人员、设备和财物的过境

各缔约国应请求国或援助方的请求，设法为经正式通知的援助所涉人员、设备和财物通过其领土出入请求国时提供过境便利。

8. 索赔和补偿

各缔约国应密切合作，以便按本条解决法律诉讼和索赔。除另有协议外，对于在提供援助过程中在请求国领土内或其管辖或控制下的其他地区内所造成的人员死亡或受伤、财产毁坏或损失、环境破坏，请求国应不得对援助方或代表其行事的人员或其他法人提出法律诉讼和索赔。

（五）《及早通报核事故公约》

《及早通报核事故公约》于1986年9月24日经在维也纳召开的国际原子能机构特别大会通过，1986年9月26日和10月6日分别在维也纳机构总部和纽约联合国总部开放签字，1986年10月27日生效。截至1993年2月24日，共有70个成员国。该公约是在国际原子能机构主持下制定的，其主旨是进一步加强安全发展和利用核能方面的国际合作，通过在缔约国之间尽早提供有关核事故的情报，以使可能超越国界的辐射后果减少到最低限度。

1. 适用范围

《及早通报核事故公约》适用于发生涉及缔约国的或其管辖或控制下的人或法律实体的设施或活动、由此而引起或可能引起放射性物质释放、并已经造成或可能造成对另一国具有辐射安全重要影响的超越国界的国际性释放的任何事故。上述设施和活动包括核反应堆、核燃料循环设施、放射性废物管理设施、核燃料或放射性废物的运输和贮存、放射性同位素的相关活动以及用放射性同位素做空间物体动力源等设施和活动。

2. 通报义务

在发生适用范围内的核事故时，缔约国应立即直接或通过国际原子能机构，将该核事故及其性质、发生时间和在适当情况下确切地点通知实际受影响或可能会实际受影响的国家和机构，并迅速地直接或通过机构向这些国家和机构提供规定的有关尽量减少对这些国家的辐射后果的可获得的情报。

3. 通报内容

按照规定应提供的情报包括核事故的时间、地点及其性质，涉及的设施或活动，推测的或已确定的有关放射性物质超越国界释放的核事故的起因和可预见的发展，放射性释放的一般特点，预报放射性物质超越国界释放所需的当前和预测的气象和水文条件的情报，有关放射性物质超越国界释放的环境监测结果，已采取或计划采取的场外保护措施，预测的放射性释放过程中的行为等；并且应在适当间隔时间补充提供有关紧急情况事态发展的进一步情报，包括可预见终止或实际终止紧急情况的情报。

4. 机构职责

国际原子能机构应立即将依据规定收到的通报通知各缔约国、成员国、实际受影响或可能会实际受影响的其他国家和有关政府间国际组织，并根据请求迅速向任何缔约国、成员国或有关国际组织提供收到的情报。

5. 协商机制

按照规定提供情报的缔约国，应尽其实际可能迅速地响应受影响的缔约国关于谋求提供进一步情报和进行协商的请求，以尽量减少对该国的辐射后果。

6. 主管当局和联络点

各缔约国应将其负责收发通报和情报的国家主管当局和联络点通知机构并直接

或通过机构通知其他缔约国，这类联络点和机构内的联络中心应连续不断地可供使用。各缔约国应将相关情况的任何变化迅速通知机构，机构则应保持一份最新名册，并将其提供给各缔约国、成员国以及有关国际组织。

二、国外应急管理法律法规的借鉴与启示

国外应急管理法律法规在长期实践中积累了丰富经验，对我国应急管理体系的完善具有重要借鉴意义。

（一）典型国家/地区的应急管理法律体系

1. 美国

美国以《美国全国紧急状态法》《斯塔福德灾难与紧急援助法》《国家应急框架》为基础，构建了“预防—准备—响应—恢复”全周期法律框架，涵盖联邦、州、地方三级权责，明确紧急状态宣告、资源调配、跨部门协同、公众权利保障等机制。其主要特点是强调“全灾害管理”（All – Hazards Approach），注重灾前预防与保险机制（如国家洪水保险计划）。

2. 日本

日本以《灾害对策基本法》为核心，配套《大规模地震对策特别措施法》《核灾害对策特别措施法》等专项法，形成“综合法 + 领域法 + 地方条例”的多层级体系，覆盖自然灾害、事故灾难等各类风险。其中《灾害对策基本法》确立了中央防灾会议制度，制订防灾基本计划。《大规模地震对策特别措施法》首创地震预警法律框架。其主要特点是形成“防灾—减灾—复建”全周期法律链，社区“自主防灾组织”法定化。

3. 欧盟

欧盟以《欧盟民事保护机制》《关键设施韧性指令》为核心建立成员国互助机制（如应急物资共享库），形成跨国应急响应框架，成员国可请求欧盟协调救援队伍（如欧盟搜救队），实现快速跨境支援。其特点是强调跨国协调与标准化建设（如统一应急通信频段）。

（二）值得借鉴的核心机制

1. 分级响应制度

美国联邦响应按 5 级启动（Incident of National Significance 为最高级）；日本根

据灾害规模启动都道府县、市町村、区域三级响应。其共同特点是在法律中量化应急响应级别（如按伤亡人数、经济损失），明确不同级别下的指挥权、物资调用权限，避免“一刀切”或“过度响应”。

2. 权责法定原则

德国《公民保护法》详细规定政府各部门在72小时黄金救援期的具体职责；澳大利亚《应急管理法》明确私营部门在关键基础设施保护中的法律责任。

3. 社会参与机制

法国《国内安全现代化法》将民间救援队纳入国家应急体系，新加坡《民防法》规定18～40岁公民必须接受应急培训。

4. 科技支撑体系

韩国《灾难及安全管理基本法》要求建立国家灾难信息共享系统（NDIMS），美国《后“卡特里娜”应急管理改革法》强制推行地理空间应急平台建设。

（三）对我国的启示

1. 完善法律体系

推进《中华人民共和国突发事件应对法》修订，增加巨灾保险、社会力量参与等条款；制定专项立法，如《生物安全应急管理条例》《极端天气应对法》等。

2. 健全协同机制

建立跨部门应急指挥信息系统，完善区域应急联动机制。

3. 强化基层能力

立法明确社区应急管理站的法律地位，制定《应急志愿者管理条例》，明确志愿者的法律地位、权益保障及责任豁免，建立全国统一的志愿者注册和培训体系。

4. 创新保障机制

建立应急物资“平时服务、灾时应急”的平战转换机制，发展灾害金融工具，如巨灾债券、应急产业基金等。

5. 加强科技赋能

立法规范无人机、人工智能预警系统等新技术应用标准，构建基于多源数据的国家应急管理大数据平台。

第二节 国际应急管理合作

国际应急管理合作是指各国政府、国际组织、非政府机构及私营部门为应对跨国或全球性突发事件（如自然灾害、公共卫生事件、核事故、恐怖袭击等），通过法律框架、机制协调、资源共享和技术协作形成的跨国协同行动。其核心目标是突破国界限制，整合全球应急资源，提升人类社会整体韧性。

一、国际应急救援的协调与合作

（一）多边协调框架

国际应急救援可通过联合国人道主义事务协调厅（OCHA）、国际搜索与救援咨询团（INSARAG）等组织进行协调与合作。

OCHA统筹全球紧急救援行动，通过“集群机制”（Cluster Approach）协调各机构分工，如通过WHO负责医疗应急协调、通过联合国儿基会负责儿童保护的协调。

INSARAG通过制定《国际城市搜救指南》，规范救援队的分级认证（轻型/中型/重型），目前，全球已有80余支队伍通过认证。

（二）区域协同网络

以地理或者其他分类方式组成的区域协同组织，协调成员国间的应急救援。其中，以欧盟应急响应协调中心（ERCC）和东盟灾害应急物流系统（DELSA）最为典型。

ERCC实时监测全球灾害，协调成员国启动“团结条款”，当发生大的灾害时，协调成员国共同完成应急救援。

DELSA在泰国、马来西亚设立区域物资储备库，当成员国发生灾害时，可实现72小时内跨境物资投送。

（三）专项技术协作协议

为了便于国际应急救援时的通信和数据共享，国家层面建立统一的应急通信协议和数据共享平台。

应急通信协议：国际电联（ITU）指定全球统一应急通信频段（如 121.5MHz 为国际航空遇险频率）。

数据共享平台：联合国开发署（UNDP）主导的“灾害数据云”（HDX）整合全球 2000 + 灾害数据集，支持多语言实时查询。

（四）中国的角色与贡献

中国在国际应急救援的协调与合作方面作出了重大的贡献，在机制建设、能力输出、技术赋能等方面，中国扮演着不可或缺的角色。

1. 机制建设

我国发起“一带一路”国际防灾减灾合作联盟，建立中亚、东南亚区域应急物资储备库。推动金砖国家签署《灾害风险管理合作框架》，共享风云气象卫星数据。

2. 能力输出

中国国际救援队（CISAR）通过 INSARAG 重型队伍认证，参与莫桑比克飓风、巴基斯坦洪水等国际救援。

同时，为了提升发展中国家应急人才的数量和质量，在 2020—2023 年为非洲国家举办应急管理研修班 50 期，为非洲国家培养大量的应急人才。

3. 技术赋能

北斗系统加入国际中轨道卫星搜救系统（MEOSAR），定位精度从 10 公里提升至百米级。开发“智能应急包”多语言版本，集成翻译功能解决跨国救援语言障碍问题。

二、国际应急物资的援助与共享

在应对自然灾害、人为事故和公共卫生事件等突发事件时，单个国家的力量往往是有限的，国际合作与援助成为提高应急救援效率和效果的关键。国际应急物资的援助与共享的意义表现在国际人道主义精神、全球风险共担、资源优化配置等诸多方面。

（一）国际法

1. 人道主义法基础

（1）《日内瓦公约》及其附加议定书。

国际人道法是在战时适用的一系列规则，它保护那些没有或不再实际参加战斗的人，并对所选择的作战方法加以限制。它适用于国际性与非国际性武装冲突的局势。国际人道法的主要法律文件是 1949 年 8 月 12 日关于保护战争受难者的《日内瓦公约》。虽然《日内瓦公约》是在战时适用的公约，但也规定了武装冲突中必须保障人道主义援助的畅通，禁止阻挠救援物资运送。充分体现了国际应急物资的援助与共享机制。

（2）《联合国宪章》。

《联合国宪章》是联合国的基本大法，它既确立了联合国的宗旨、原则和组织机构设置，又规定了成员国的责任、权利和义务，以及处理国际关系、维护世界和平与安全的基本原则和方法。

《联合国宪章》第一条和第五十五条：强调国际合作解决人道主义问题，推动社会进步与民生改善。

2. 灾害应对专项公约

（1）《联合国国际减灾战略》（UNISDR）。

UNISDR 是联合国系统中唯一完全专注于减灾相关事务的实体，由联合国管理减灾事务秘书长的特别代表领导，确保减灾战略行动计划的执行，承担协调联合国系统、区域组织以及有关国家在减轻灾害风险、社会经济与人道主义事务等领域的活动。其重要的作用是推动灾害风险管理，并要求各国建立应急物资储备和协作机制。

（2）《国际卫生条例（2005）》。

《国际卫生条例（2005）》在上节中已详细介绍。在国际应急物资的援助与共享方面其规范了公共卫生事件中的跨境合作，包括医疗物资共享与信息通报义务。

3. 物资分配与责任规范

（1）1991 年联合国大会第 46/182 号决议。

1991 年联合国大会通过的相关决议是第 46/182 号决议，该决议虽未被明确命名为《人道主义援助指导原则》，但它确立了人道主义援助的基本原则和框架。

其基本原则为人道主义援助必须恪守联合国人道基本原则，即人道、中立、公正和独立原则；必须尊重受援国的主权、独立、统一和领土完整，遵守国际法和东道国法律，防止把人道问题政治化，坚持人道援助非军事化。

其协调机制为决议创立了紧急救济协调员这一高级别职位，其主要职能包括：

支持秘书长的政策制定和协调职能，确保所有人道主义问题都得到解决；利用安理会等政治机构宣传人道主义问题；通过机构间常设委员会的磋商确保建立适当的应急机制，从而对实地的人道主义应急工作进行协调。

（2）COVAX 疫苗分配机制。

COVAX 疫苗分配机制是由全球疫苗免疫联盟（GAVI）、WHO 和流行病防范创新联盟（CEPI）共同建立的，旨在提高疫苗研制效率，促进疫苗的快速生产和全球普及，确保疫苗的公平分配。COVAX 疫苗分配机制主要包括三个阶段：研发和生产、大规模采购和交付，以及策略和分配。COVAX 疫苗分配机制通过多边协议确保疫苗公平分配，充分体现面对全球疫情时国际应急物资的援助与共享。

（二）区域性法律与协议

1. 欧盟

（1）《欧盟民事保护机制》（UCPM）。

UCPM 是由欧盟理事会于 2001 年 10 月决议设立，2007 年和 2019 年两次升级完善。

其核心目标为加强欧盟成员国及参与国在灾害预防、准备和应对中的合作，提升跨国协调能力，确保快速、高效响应自然或人为灾害（如火灾、洪水、疫情、冲突等）。其成员国共享应急资源库（如消防设备、医疗物资），法律义务由《欧盟运作条约》（TFEU）第一百九十六条支持。

（2）《欧盟医药产品储备协议》。

《欧盟医药产品储备协议》是欧盟应对药品短缺、增强供应链韧性的核心机制，源于 2001 年《欧盟民事保护机制》框架，并在 2020 年新冠疫情后加速完善。其目标为保障疫情、自然灾害或冲突中的药品、疫苗及医疗设备供应，强制成员国在公共卫生危机中共享药品和疫苗。

2. 东盟

（1）《东盟灾害管理与应急响应协定》（AADMER）。

AADMER 于 2005 年正式生效，由 2004 年印度洋海啸后东盟灾害管理委员会主导制定。作为全球首个与《兵库行动框架》关联的具有法律约束力的灾害管理协议，其核心目标包括协调区域减灾行动、简化跨境救援程序、建立灾害监测预警联动机制等。协议框架下同步发展出东盟—中日韩灾害管理合作机制等衍生平台，强化区域多边应急响应能力。

（2）《东盟公共卫生应急协调框架》。

《东盟公共卫生应急协调框架》源于2020年新冠疫情的区域应对需求，正式确立于2020年11月第37届东盟峰会（《2020东盟公共卫生应急战略框架》）。其前身是2006年《东盟卫生部长会议宣言》和2015年《区域待命安排标准操作程序》，旨在整合东盟10国（文莱、柬埔寨、印度尼西亚、老挝、马来西亚、缅甸、菲律宾、新加坡、泰国、越南）的卫生应急资源，应对跨境传染病（如SARS、COVID－19）、自然灾害及生物安全威胁。

其关于国际应急物资的援助与共享的内容主要由设立区域物资储备中心（如新加坡的物流仓库），简化跨境运输程序。

3. 美洲国家

美洲国家间应急物资的援助与共享主要的协议为《美洲国家间自然灾害援助协议》，该协议由美洲国家组织（OAS）主导制定，旨在建立区域性自然灾害援助协调机制，应对西半球频繁发生的地震、飓风、洪水等灾害。协议于1991年通过（具体签署时间需核实），是全球首个专门规范区域人道主义援助的法律文书。其核心目标为通过标准化程序加速援助响应，简化跨境物资运输与人员部署，强化成员国灾害应对协作。

三、跨国突发事件的应对与处置

跨国突发事件是指超越单一国家边界、对多国或全球安全与发展构成威胁的突发性事件，需国际协作应对。跨国突发事件的主要类型包括公共卫生事件、自然灾害、恐怖袭击与武装冲突、核泄漏或化学污染事故和网络攻击与数据安全危机等。

（一）核心法律原则

跨国突发事件的应对与处置时尚须注意国际核心法律原则。

1. 主权原则与不干涉内政

根据《联合国宪章》规定，跨国突发事件发生时援助需基于受灾国同意，但极端情况下可能触发“保护的责任”（R2P）争议。R2P是21世纪初提出的国际规范，旨在通过国际社会干预防止主权国家内部发生的大规模人权侵害（如种族灭绝、战争罪、族裔清洗和危害人类罪）。尽管其理念被部分国家和国际组织接受，但在实践中广泛引发争议，核心围绕主权与人权的边界、干预的合法性与正当性以及执行的双重标准等问题。

2. 人权保障义务

《公民权利和政治权利国际公约》《经济、社会及文化权利国际公约》要求在跨国突发事件的应对与处置时需保障灾民的基本生存权与健康权。

3. 共同但有区别的责任

《巴黎协定》中的气候灾害应对条款规定：发达国家须“带头”向发展中国家提供资金支持，用于减缓和适应气候变化（如气候灾害防范与灾后重建）。这说明在国际上，发达国家应在资金、技术援助中承担更多义务。

4. 非歧视与公平分配

《人道主义援助指导原则》规定援助物资分配不得因政治、种族或宗教因素区别对待。

《人道主义援助指导原则》的非歧视条款是国际人道法的基石，具有法律约束力和道德强制力。尽管实践中面临政治、安全等挑战，全球治理机制（如联合国安理会、国际法院）及多边合作框架（如《巴黎协定》气候融资机制）正通过透明度审查、制裁措施和资源统筹，推动原则的落实。

（二）国际协作与实践路径

跨国突发事件的复杂性决定了单一国家难以独立应对，需依托多层次、多领域的国际协作机制，构建协同治理网络。

1. 国际组织的核心协调作用

联合国作为全球最大的政府间国际组织，在跨国突发事件中发挥着枢纽作用。WHO 在新冠疫情期间建立全球疫情预警与响应系统，统筹疫苗分配与数据共享；联合国难民署（UNHCR）依据《关于难民地位的公约》，协调各国对跨国灾害难民的安置。此外，世界银行、国际货币基金组织（IMF）等国际金融机构通过应急贷款与债务减免机制，助力受灾国经济恢复。

2. 区域合作机制的灵活响应

区域性合作组织凭借地理邻近、文化相通的优势，在跨国突发事件应对中表现突出。欧盟的民事保护机制（UCPM）通过成员国应急资源池，实现救援力量快速调配；东盟依托《东盟灾害管理与应急响应协定》（AADMER），借助东盟人道主义援助协调中心（AHA Centre）的灾害预警共享平台与联合演练机制，提升区域协同应对能力。

3. 非国家行为体的补充力量

非政府组织（NGO）、跨国企业及学术机构等非国家行为体，是跨国突发事件应对体系的重要补充。例如，国际红十字与红新月运动依据《日内瓦公约》，在武装冲突与自然灾害中提供中立人道救援。

4. 科技赋能与创新实践

新兴技术正在重塑跨国突发事件的应对模式。卫星遥感与物联网（IoT）技术实现灾害实时监测与预警；人工智能与机器学习算法提升风险评估与应急决策科学性。虚拟国际协作平台打破地域限制，促进各国专家远程技术支持与经验共享。

复习与思考

一、单项选择题

1.《国际卫生条例（2005）》要求缔约国在规定事件发生后，向 WHO 通报的时间是（　　）。

A. 12 小时内　　B. 24 小时内

C. 48 小时内　　D. 72 小时内

2. WHO 针对国际关注的突发事件提出的有时间限定、非约束性的建议是（　　）。

A. 长期建议　　B. 临时建议

C. 常规建议　　D. 特殊建议

3.《联合国气候变化框架公约》中，各缔约方在应对气候变化方面承担（　　）。

A. 相同责任　　B. 共同但有区别的责任

C. 发达国家承担主要责任　　D. 发展中国家承担主要责任

4.《巴黎协定》中，为因气候变化而遭受损失和损害的脆弱国家提供资金支持的是（　　）。

A. 损失和损害基金　　B. 适应基金

C. 绿色气候基金　　D. 全球环境基金

5. 在发生核事故或辐射紧急情况时，负责向各缔约国收集和传播相关情报的是

（　　）。

A. 国际原子能机构　　B. WHO

C. 联合国人道主义事务协调厅　　D. 国际搜索与救援咨询团

6. 美国应急管理法律体系强调的管理方式是（　　）。

A. 分类管理　　B. 全灾害管理

C. 分级管理　　D. 统一管理

7. 国际电联指定的全球统一应急通信频段中，121.5MHz 为（　　）。

A. 国际海上遇险频率　　B. 国际航空遇险频率

C. 国际陆地遇险频率　　D. 国际卫星通信频率

8.《欧盟民事保护机制》建立的目的是加强欧盟成员国及参与国在灾害方面的合作，其中不包括（　　）。

A. 预防　　B. 准备

C. 救援　　D. 重建

9. COVAX 疫苗分配机制的核心目标是（　　）。

A. 提高疫苗研制效率　　B. 促进疫苗公平分配

C. 加速疫苗生产　　D. 以上都是

10. 根据《联合国宪章》，跨国突发事件发生时，援助应基于受灾国同意，但极端情况下可能触发（　　）争议。

A. 主权原则　　B. 不干涉内政原则

C. "保护的责任"　　D. 人权保障义务

二、多选题

1.《国际卫生条例（2005）》中关于应急管理的规定包括（　　）。

A. 监测与报告　　B. 应对措施

C. 能力建设　　D. 入境口岸管理

E. 信息共享与透明度

2. 下列属于《巴黎协定》中间接涉及应急相关的事项有（　　）。

A. 损失和损害　　B. 适应能力

C. 透明度和信息共享　　D. 技术和能力建设

E. 资金援助

3. 国外应急管理法律体系中，值得借鉴的核心机制有（　　）。

A. 分级响应制度　　B. 权责法定原则

C. 社会参与机制　　D. 科技支撑体系

E. 中央集权制度

4. 国际应急救援的协调与合作途径包括（　　）。

A. 多边协调框架　　B. 区域协同网络

C. 专项技术协作协议　　D. 单边行动

E. 双边合作

5. 跨国突发事件的主要类型包括（　　）。

A. 公共卫生事件　　B. 自然灾害

C. 恐怖袭击与武装冲突　　D. 核泄漏或化学污染事故

E. 网络攻击与数据安全危机

三、简答题

1. 简述《国际卫生条例（2005）》中缔约国应对突发事件的能力建设要求。

2. 请举例说明国际应急物资援助与共享的国际法依据。

3. 简述跨国突发事件应对与处置中的核心法律原则。

参考文献

[1]中国安全生产科学研究院．安全生产法律法规[M]．北京:应急管理出版社, 2022.

[2]中国安全生产科学研究院．安全生产法管理[M]．北京:应急管理出版社, 2022.

[3]王宏伟．应急管理导论[M]．北京:中国人民大学出版社, 2011.

[4]韩大元,莫于川．应急法制论[M]．北京:法律出版社, 2008.

[5]闪淳昌,薛澜．突发事件应急管理导论[M]．北京:中国经济出版社, 2009.

[6]全国人民代表大会常务委员会．中华人民共和国防洪法[Z]. 2016 - 07 - 02.

[7]全国人民代表大会常务委员会．中华人民共和国防震减灾法[Z]. 2008 - 12 - 27.

[8]中华人民共和国国务院．气象灾害防御条例[Z]. 2010 - 01 - 27.

[9]中华人民共和国国务院．地质灾害防治条例[Z]. 2003 - 11 - 24.

[10]中华人民共和国国务院．国务院关于修改部分行政法规的决定[Z]. 2017 - 10 - 07.

[11]中华人民共和国国务院．突发公共卫生事件应急条例[Z]. 2003 - 05 - 07.

[12]中华人民共和国国务院．国务院关于废止和修改部分行政法规的决定[Z]. 2011 - 01 - 08.

[13]中华人民共和国主席．中华人民共和国传染病防治法[Z]. 2004 - 08 - 28.

[14]中华人民共和国主席．中华人民共和国突发事件应对法[Z]. 2024 - 06 - 28.